北國新聞社第二代社長

# 林政文の生涯

洋画家 黒田清輝が描いた林政文のスケッチ画

林政文の全身写真

## 〔小木曽〕

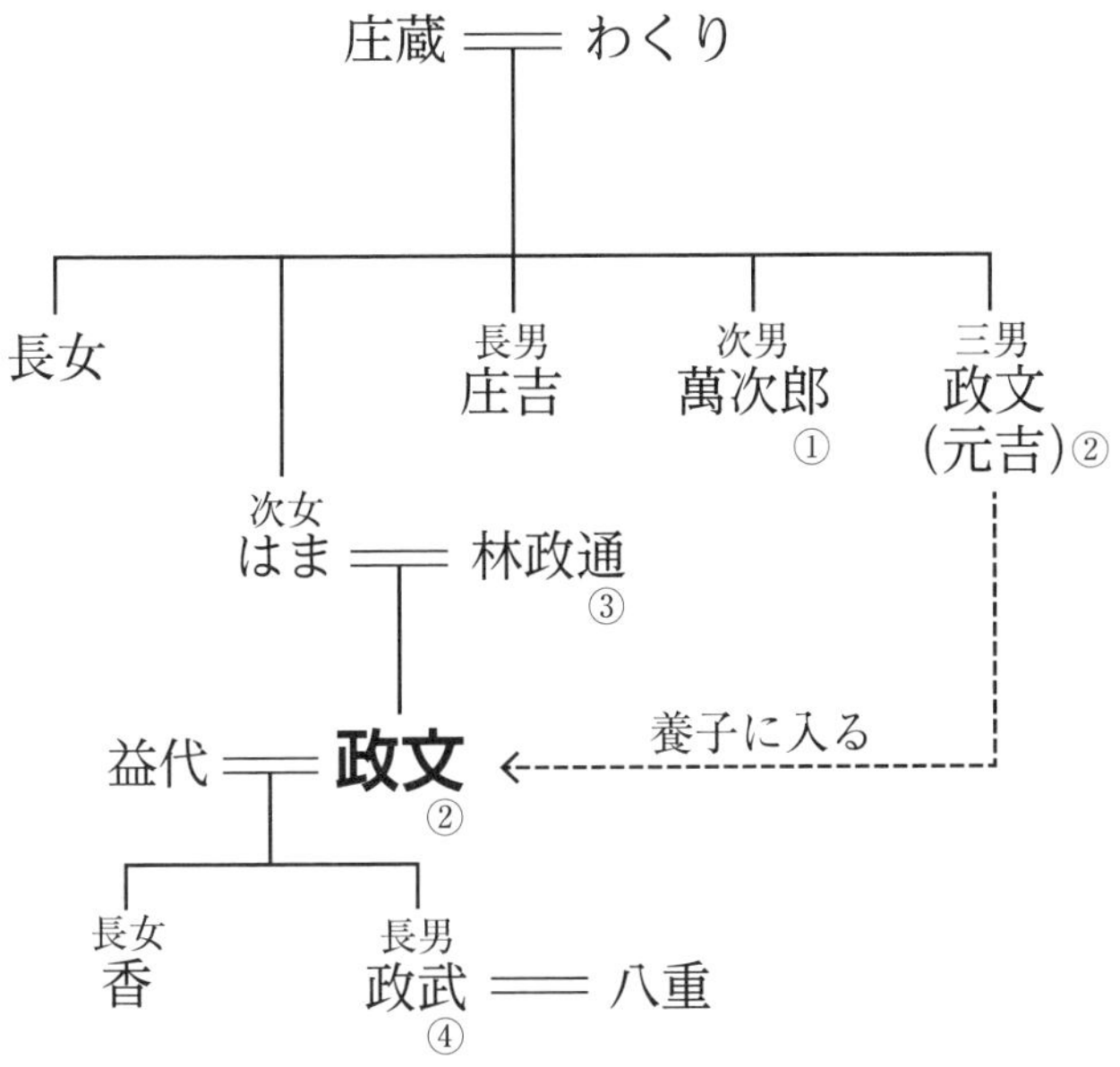


○の中の数字は北國新聞社の社長に就いた順番

| | | |
|---|---|---|
| ①赤羽萬次郎 | 1893（明治 26）年　8 月～ | 1898 年　9 月 |
| ②林政文 | 1898（明治 31）年 10 月～ | 1899 年　7 月 |
| ③林政通 | ～ | 1920 年　3 月 |
| ④林政武 | 1920（大正　9）年　3 月～ | 1943 年 10 月 |

〔林政文　相関図〕

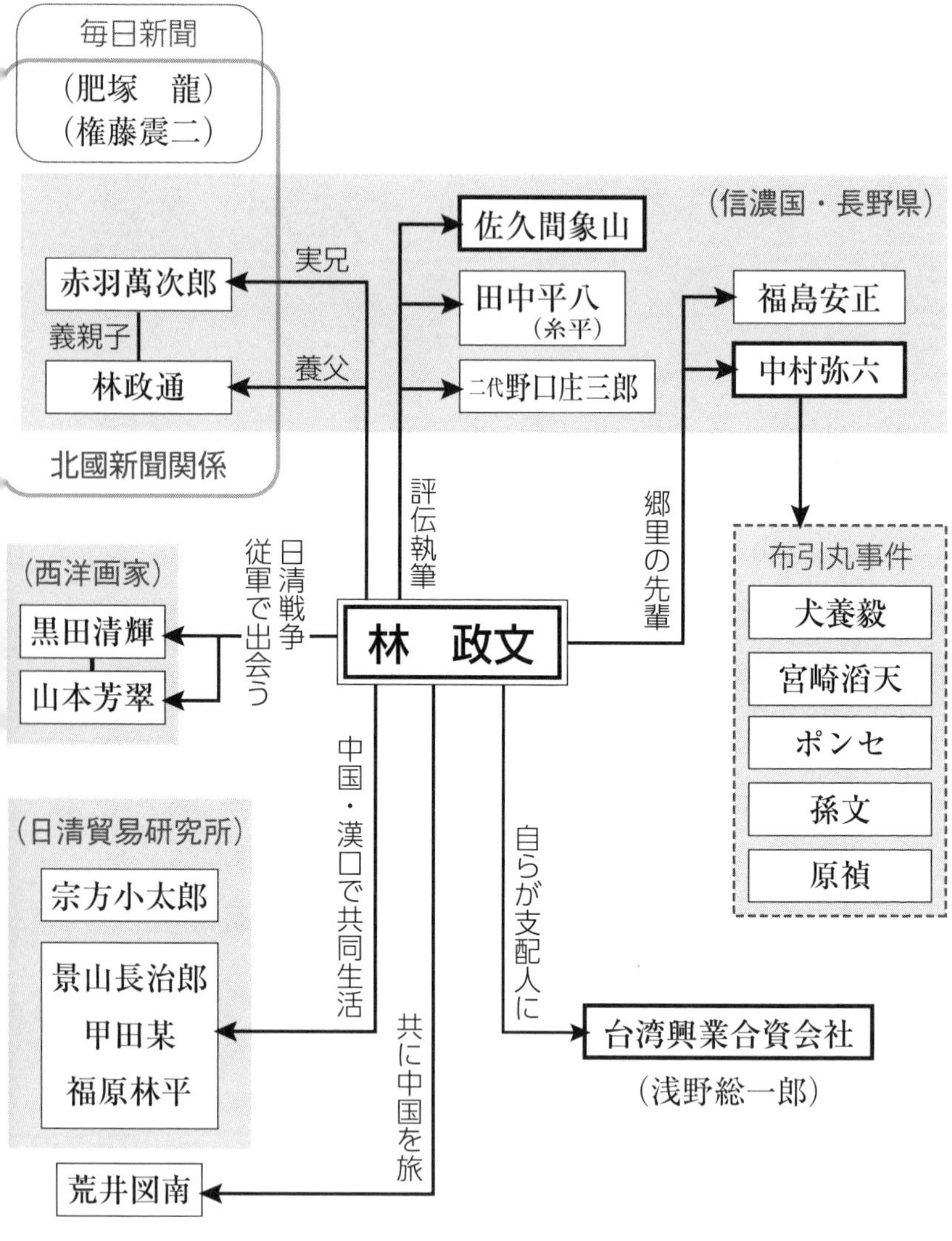
毎日新聞
（肥塚　龍）
（権藤震二）
（信濃国・長野県）
佐久間象山
実兄
赤羽萬次郎
義親子
林政通
養父
田中平八
（糸平）
二代野口庄三郎
福島安正
中村弥六
北國新聞関係
評伝執筆
郷里の先輩
布引丸事件
犬養毅
宮崎滔天
ポンセ
孫文
原禎
（西洋画家）
黒田清輝
山本芳翠
日清戦争従軍で出会う
林　政文
（日清貿易研究所）
宗方小太郎
景山長治郎
甲田某
福原林平
中国・漢口で共同生活
共に中国を旅
荒井図南
自らが支配人に
台湾興業合資会社
（浅野総一郎）

# はじめに

今から約百二十前の明治三十五（一九〇二）年七月二十日付『北國新聞』は、わずか三十一歳で生涯を終えた前社長の林政文を悼み、第二面に追悼の記事を掲載した。それによると、社長就任以前に台湾で事業に従事していた林は、三年前のちょうど七月二十日に「四たび遠征を企て長崎より汽船布引丸《ぬのびきまる》に乗り込み台湾に航海中同月二十日沖縄付近に於《おい》て暴風に遭遇し激浪《げきろう》の捲《ま》くところとなりて遂《つい》に其《その》行方を失したる」（四度目の遠征にでかけようと、長崎から汽船布引丸に乗って台湾に向けて航海中に、同月二十日、沖縄付近で暴風雨に出会って烈《はげ》しい風雨に巻き込まれて、行方不明になった）。そのため、今月今日を以《もっ》て喪を発するに至った。つまり、この度、提出済みの「失踪届」が有効に作用した、よってその葬儀を金沢市寺町妙典寺で執り行うことになったのだという。

葬儀を終えた翌日の『北國新聞』は、以上の記事の概略に加えて、さらに若干の情報を掲載した。「長崎を発し新領土台湾に向つて航行の途颱風《たいふう》に遭《あ》ひ清国領土付近に於て同船船体沈没したる」。前日の記事と比べて、沈没場所が沖縄付近から清国領土付近へと変更はあったものの、航行先の台湾に変更はなかった。

布引丸の行き先や目的に関して、遭難当時の新聞は「淡水に向け航海」、つまり台湾北部の町・淡水という、より詳しい情報を記したものもあった。布引丸所有者中村弥六の代理人林政文は生前「何故か其使用目的を尋ぬれば首を左にふりて明答せず」状態であった、とも伝えていた。また、石炭や雑貨等およそ五万円を搭載しているとの情報も報告されていた。

このことは、当時から情報が定まっていないことを示す。遭難当時の、通信網が混迷し、錯綜した状況では当然のことであろうが、三年も経った時点においてそれがまだ不確かな状態では首をかしげざるを得ない。まして、生存者もおり、その談話も公開されていた。情報量が増えたぶん、真実に多少なりとも近づいて行くはずである。

しかし、遭難事故後の『北國新聞』の記事は、行く先と目的について何らかの配慮が働いているように思われる。そうせざるを得ない事情があったのだ。この遭難事件の背後には、あからさまにできない当時の国内事情や国際情勢が存在し、それが明白になると、我が国の外交にも波及しかねない問題をはらんでいた。一体、林の遭難死にはどんな事情が絡んでいたのだろうか。

# 目次

# 第一章　長野に生まれ上京

## 五人きょうだい

林政文こと小木曽元吉は、明治二（一八六九）年一月一日、長野県北深志《きたふかし》町九番丁字鍛冶《かじ》町（現松本市大手四丁目）に父小木曽庄蔵、母わくり（和久利）の三男として生まれた。二人の兄（長男庄吉、次男萬次郎＝北國新聞社初代社長）と二人の姉がいる五人きょうだいの末っ子であった。

元吉の父は、のちに元吉がかかわることになる中村弥六の父で儒学者、中村元起の門下生であったという。ただし、三人の子息がいずれも自分が希望する進路を選択していることから判断すると、当時としては開化的な人物であったと推測される。

生家は間口三間三尺二寸（約六メートル）、奥行十四間四尺二寸（約二十六メートル）、敷地五十五、六坪（約百八十三平方メートル）ほどの中程度の大きさで、商家を営んでいた。何の商売だったかは定かではない。明治九年五月二十四日に父が死亡すると、子息それぞれが既に各自の進路を決めていて後を継ぐ者はいなかった。娘たちに婿を取ることもなく、商家は消滅してしまう。

江戸時代に戸田氏の城下町だった松本も維新後、衰退の途を辿りつつ、文明開化の波が押し寄せた。明治も七、八年になると、本場桐生から迎えた絹織物工場が建った。また写真店が開業し、時計・オルゴールの修理も可能になり、演劇場も設立される変わりようであった。

そんな近代化の一方で、各地の仏教寺院が荒れ放題になり、伝統的建造物が破壊されるなか、奈良の興福寺同様に、松本城も競売にかけられる事態に陥った。そこで、自由民権運動家・市川量造（一八四四年生）らの尽力で天守を会場に博覧会を開催し、その収益によってようやく天守を買い戻すということもあった。

元吉の誕生から八カ月後の明治二年九月八日、さほど遠くない松本市天白丁（現松本市北深志二丁目）に、のちに社会運動家あるいは作家、新聞記者として知られる木下尚江が誕生している。小木曽元吉と木下尚江は間もなく同じ小学校と旧制中学校で学び、顔を見知っていた可能性がある。とはいえ、青年期に生活の場を異にするため強い印象を与えあうようなことはなかったようである。

元吉は幼少年時代を語った文章を残していないが、尚江は小説等（『懺悔』『神・人間・

自由』）の形を借りていくつかその時代を回顧している。

それによると、尚江の記憶にあるのは、七歳の時、先の第二回博覧会で見たホルマリン漬けの二つの胎児であり、斬首された大人の生首であった（『懺悔』）。やや年上の元吉少年もそれを見たとしたら、尚江が感じたのと同様の死に対する感慨を抱いたことだろう。

明治八年六月、元吉は明治六年五月に開校した開智《かいち》学校に入学した。この頃は満六歳から十四歳までの八年間が小学校と定められていたが、まだ義務制ではなかった。我が国では欧米人、特にアメリカに倣《なら》った学校教育が実施され、科目も教材も施設も全くの輸入物であった。しかし、この頃は江戸時代からの寺子屋上がりの教師が主で、師範学校出の教師が活躍するのはまだまだ後のことである。文部省作成の「小学教則」があったものの、実際は読み・書き・算盤《そろばん》という寺子屋式の授業が行われていたらしい。

そのうち、徐々に書物の暗唱を主とする詰め込み式の教授法を脱して、移入されたペスタロッチ（スイスの教育家、一七四六年生）の教授法が実行されるなどして初等教育に新味が出されるようになった。生徒たちは男女別々の部屋で、紙と筆から石筆と石盤へと替わった教具を使用して授業を受けていた。

就学区域が筑摩村及び南北深志の二町一カ村となる開智《かいち》学校は、元吉の実家から直線距離にして七百メートル程にあった。同校は最初、寺の全休院を仮校舎としたが、彼が二年生の時、同院跡地に新校舎が完成した。その建設費は松本町全住民の寄付で七割を賄《まかな》い、残りを特別寄付金等で補った。もっとも、寄付とはいうものの半ば強制的なものであった。ちなみに昭和三十六（一九六一）年、同校舎は明治時代の洋風建築としては初めて国の重要文化財に指定されている。


元吉は、小学校下等クラス四年で読本や習字、算術等を履修、優秀な成績で修了し、長野県より「大日本細見図」が付く二等賞を授与され、次の上等クラスに進級した。

この頃の小学校の運営は税金と有志寄付金のほかに、授業料が必要だった。木下尚江によると保護者の財産標準によって上中下の木札があり、その細紐《ほそひも》に銭を通して納入した。大人社会の階層はクラスにも見られ、士族と平民の別があらゆる面で判然としていたという（『神・人間・自由』）。

この士族・平民の区別は松本に限らず、明治初期だけでなく、旧城下町では昭和の時代まで各地にみられたようである。例を挙げれば、明治三十三年に青森県弘前市に生まれ育った作家の石坂洋次郎は、子供同士の上町（士族）と下町（平民）との争いを小説『わが日わが夢』に描いている。昭和初期にその弘前に住んだ安岡章太郎は、表札にわざわざ「士族」と記されていることに驚く。同じく、戦後金沢を旅行した五木寛之は、旅館が「士族」と印刷された戦前の宿帳を未だに使用していることに言葉を失った。

元吉は平民の子であり、尚江は士族の子である。開智学校を含む松本での生活環境がその後の人生に微妙な影を落としたかも知れない。例えば、先の石坂洋次郎は母方が士族の出であり、そのことを意識として植え付けられたので、同郷の作家葛西善蔵《かさいぜんぞう》や太宰治《だざいおさむ》のような破滅型とは異なるという一線で自らの生き方を規制できたという。

明治十年一月、元吉は前年に父が亡くなったこともあり、次姉はまの嫁ぎ先である林政通《まさみち》（一八四九年生）の養子に入り、林姓を名乗ることになった。政通については後で述べる。林元吉は、小学校卒業後は第十七番中学変則学校が改名された公立松本中学校に進学したと考えられるが、確証はない。たとえ、進学したとしても中退している。

なお、林の進学について以下の通説を紹介する。

明治十七年三月に上京後、一時、二松学舎に入学したかもしれない。この学校はその四年後に夏目漱石も入学して唐詩選や皇朝史略、古文真宝、孟子、史記、文章規範、三体詩、論語等を学んでいる。林がもし入学していれば同様の書籍を学んだと推測される。そうすれば、中国古典に対する林の豊富な知識が納得できる。

ここを中退した彼は共立学校に学んで、さらに東京英和学校に入学した。ドイツ語、スペイン語、英語の各国語を学んだ。明治二十七年一月、外務大臣大隈重信より清国商業視察を嘱託され単身上海に渡り、荒尾精《せい》、宗方小太郎《むなかたこたろう》等の奇傑の士と交わり、機を見て西蔵（チベット）探検を試みようとし専《もっぱ》ら清国の言葉を学んだが、「両国の国交この頃より確執を生じ、東亜の風雲ますます切迫せるを見て、志士蹶起《けっき》の時来れりと支那人に変装して北京に赴き、当時の公使小村寿太郎のもとに寄食した。この間小村公使の任務を帯びて、危険を冒して二回天津に往復している」。

このような経歴が通説として流布している。出典は「林政文氏の生涯」(『林政文氏と比島』昭和十七年八月　北國新聞社刊)であるが、この記述には明白な裏付けがない。本書では判明した限りの資料に拠ることにして、後日の調査を待ちたい。

林元吉と木下尚江との関係について述べると、元吉は、十七歳で上京して以後、松本にじっくり腰を落ち着けて居住することはなかった。尚江は松本中学校卒業後上京し、二十歳で帰郷して十年以上松本で生活するものの、三十一歳で再び上京して『毎日新聞』(現在の毎日新聞とは関係ない。前身は東京横浜毎日新聞)の記者となる。元吉も同紙の記者をしていたが、尚江が入社した頃は既に退社していた。そして、元吉は明治三十二年に生涯を終えるが、尚江は昭和十二年の六十八歳まで生きた。

このように成人した両人はすれ違っている。しかし、互いに知り合う機会は存在し、少なくとも二度は顔を合わせている可能性がある。

最初は明治二十四年九月二十三日。松本の康楽寺で、信濃殖産協会が催した実業演説会に二人そろって熱弁をふるったことがあった。二度目は、尚江が代言人《だいげんにん》(弁護士)小木曽庄吉の家にその資格を得るために居候して励んでいた、翌二十五年である。小木曽庄吉とは安政四（一八五七）年十一月生まれで、林の長兄である。長野県内では代言人の草分け的存在として昭和六（一九三一）年四月一日に長野市桜枝町で亡くなるまで活躍した。従って、長兄のもとに出入りする元吉がそこで尚江と知り合っても不思議でない。

少しわき道にそれるが、尚江の代言人時代のことについて触れる。彼の代言人志望は生活のためだったと言われるが、林の長兄の元に居候したのは、いつのことか正確には分からない。ただ、『高嶋米峰自叙伝』によれば、高嶋が小木曽宅に住み込みを始めた明治二十五年末頃には、尚江が居候頭格で強い存在感を示していたという。小木曽庄吉は長野荒町の事務所に加えて、東京の北豊島郡金杉村にも事務所を置き、さらに、それを下谷《したや》練塀町《ねりべいちょう》に移した。尚江が居候をしていたのは、後者である。高嶋は現・東洋大学を卒業後しばらく経った明治三十年十月、小木曽庄吉の次弟赤羽萬次郎が社長をしていた『北國新聞』に招かれた。

それには当然、庄吉の口利きもあったと思われる。その頃、林元吉は台湾で事業に邁進していた。高嶋は、ほんの短期間しか在社しなかったが、それにしても奇縁というべきである。

ちなみに元吉と尚江との間には、尚江の自伝的小説『懺悔』『墓場』『神・人間・自由』等を見ても相互の影響感化を探ることはできない。

## 中村弥六と出会う

林元吉は明治十七（一八八四）年三月に上京し、四月から東京英和学校に入学した。この学校はキリスト教伝道師によって設立され、明治十六年に青山の地に新たに東京英和学校として出発し、のち明治二十七年に青山学院と改称した。英学を希望する若者に人気があった。林は、この時点で英学を生かす将来を考えて進学したのかもしれない。明治二十年七月、彼は同校を卒業した。

この後、元吉は一度、養父・林政通《まさみち》の住む長野に帰郷する。その地には自由民権活動家や新聞記者として活躍する次兄の赤羽萬次郎が『信濃毎日新聞』主筆として戻って来ていた。萬次郎は傍ら英語塾も経営していて、元吉はその塾の手伝いをすることになった。

しかし、一度東京の空気を吸った彼は、いつまでも田舎に燻《くすぶ》ることを良しとせずに一年ほどで再び上京し、独立をめざした。日本橋の高梨代言事務所に住み込み、そこの代言人に英語を教えたりした。しかし、いわゆるアルバイトを重ねながらも一向にうだつが上がらない元吉を見かねた養父や次兄が、経済で身をたてるなら、しっかりと基礎から学べと進学を勧めた。

それが高等商業学校であった。同校は、前身が明治八年九月に開校した商法講習所であり、森有礼《ありのり》と富田鉄之助が協議して発足させたもので、来日した米国人ホイットニーを招聘《しょうへい》して開校した。しかし、運営主体がコロコロと変わった。まず、明治十七年三月に農商務省管轄となり、名前も東京商業学校に改めたが、林が入校する頃は、さらに高等商業学校と改名した。翌年には文部省所管となった。現在の一橋大学である。

この学校は開学初期の頃から、退学者が入学者の七割以上も占めるほどの厳しい状況をみせた。というのも、全教科にわたって英語で授業をしたうえ、試験の評価も厳しかったからだ。

編入に関しては、先ほど述べたように養父や次兄萬次郎の勧めがあり、さらに萬次郎の友人の助力もあった。栃木や大阪、長野等の新聞を転々としていた萬次郎は『信濃毎日新聞』以前は『東京横浜毎日新聞』記者として活躍する一方、社主沼間守一《ぬまもりかず》が関係する『嚶鳴雑誌《おうめいざっし》』『東京輿論雑誌《よろん》』にも熱心に寄稿をしていた。

その頃、『東京横浜毎日新聞』に記者として在籍していた者に同じ長野出身の丸山名政《なまさ》（一八五七年生）や越後出身の波多野伝三郎《はたのでんざぶろう》（一八五六年生）などがいた。特に波多野は文部省勤務の経歴の持ち主であった。萬次郎はこの二人と同道の上、矢野校長に面談して実弟の履歴を説明し、編入を懇願した。元吉は東京英和学校を既に終えていたので、編入の道を選択できる、と。幸いそれは認められた。

こうして、元吉は明治二十一年八月、予科二年の編入試験を受け、合格した。

元吉は在学中の明治二十三年十月に突然、結婚をする。養父の政通《まさみち》が勝手に決めたことであるが、相手は幼いころから林家の養女になっていた、分家の林政房《まさふさ》の三女益代《ますよ》で、二歳下である。

現代の感覚から言えば、経済的にも独立していない身でありながらの、納得しかねる結婚でも、当時は普通のことだったのかも知れない。当然、新妻は長野の養親の元において生活し、一方、元吉は東京で学問に勤しむことになる。翌年には長女香が生まれ、さらにその二年後は長男政武《まさたけ》が誕生した。

彼は予科を卒業し、本科一年も明治二十四年七月に終了した。

この予科から本科在学中にかけて彼は『松本親睦会雑誌』『信濃殖産協会雑誌』『山林』という雑誌に関係して、寄稿等の熱心な活動をする。

前の二誌は郷里の長野県や松本ゆかりのもので、県人会・同窓会誌のような内容を持っていた。後の一誌は、現在も続く大日本山林会の機関誌である。一時期、彼はこの三誌の編集に携わっていた。特に、『山林』に関係するようになったのは、長野出身の、のちに彼と深い関係を持つことになる代議士で、日本初の林学博士である中村弥六の推薦によるところが大きい。明治二十六年三月までの短期間だったが、元吉は有給で編集業務に携わる一方、署名入りの文章も執筆している。

『松本親睦会雑誌』は明治十八年七月に第一号が発刊された。もともとタイトルが示すように会員相互の親睦を図ろうと東京在住の学生たちが論文と通信、雑録等の文章を三十頁前後で掲載し、月一回のペースで発行していた。さらに、松本にも部会設立の動きが出て、翌年一月には同地で会合が持たれた。

木下尚江は松本中学校在学中からこの会に参加していて、東京専門学校(現・早稲田大)進学後も熱心にかかわったことは同誌の彙報欄《いほうらん》に詳しい。「婦女ノ生涯」(十四号)等の文章も載せている。一方、元吉が同誌に関係するのは遅く、尚江が長野へ戻ってからで、二人は入れ替わりのような形になる。

松本親睦会は、七百人近い会員が登録されたこともあった(明治二十四年二月、五十四号)。元吉はそれまで投稿者に過ぎなかったのが、六十三号からは七名の編集委員の一人として黒川九馬《きゅうま》と入れ替わって就任し、より積極的にかかわるようになる。

『信濃殖産協会雑誌』はそれより遅れて、明治二十二年十二月に第一号が発刊され、殖産をめぐる専門的論考や随筆などを掲載することに重点を置いた。ここでも元吉は役員中、幹事に次ぐ委員職を創刊二年後から務めている。同誌は、通算二十八号を刊行した後、事務所を長野の信濃新聞社に移して、十一月から新たな出発をする。

それらに掲載された彼の文章は次の三点に大別でき、注目すべき内容を持っている。

第一は、在学中の高等商業学校で学んだ知識を披瀝《ひれき》したもの。

第二は、銭屋五兵衛や田中平八（実業家、通称・糸屋の平八）、二代目野口庄三郎（材木商）について関心を示し、小伝にまとめたもの。

第三は、愛国心を述べたもの。

いずれも、高々二十数歳の青年の手になる未熟な文章として正当な評価を得られないかもしれないが、この十年後には生涯を終える人間の生きざまにつながる一筋の水脈として非常に興味深い。

『信濃殖産協会雑誌』によって、第一の注目点から見ていく。

（1）維新によって旧来のものが殆《ほとん》ど形をとどめないほど変化してしまったのに対して、商業界は依然として旧態の状況にある。確かに、取引所や諸組合の機関ができはしたものの、それは内向きの改革である。政治界は国会開設目前で守成の時代に入ったかのようだが、商業界は少壮血気の輩《やから》によって五大洲全てを対象とした活躍の場を目指すことができ、国内に活動が限定される政治界よりもやりがいがある（「商業界」十号）。

（2）銭屋五兵衛は現今の三井《みつい》鴻池《こうのいけ》と比較すべくもない商界の一大豪傑として認められねばならない（「銭屋五兵衛」十一号）。

（3）我国の貿易がかつて盛んだったのは、歴史を繙《ひもと》くと常に戦乱の後に認められる。しかし、こんどの維新後にその兆候がなく、続く征韓論の後にも振るわなかったのは残念である（「日本の外国貿易の為めに征韓論の実行せられざりしを恨む」十七号）。

（4）近年、長野でも生糸が盛んになっているが、生産業者、製糸業者はいたずらに横浜在留外国人の立て相場に依頼するのではなく、外国為替相場や外国人の嗜好、海外諸国の出来高等を常に研究しなければ利益をより上げることはできない（「商業上の生糸」十一号）。

（5）商業に就いて利益を上げるには、簿記を身につける必要がある。たとえ、それが面倒な作業だとしても、その効用は必ず現れるからである（「簿記学の必要」

十二号)。
(6)雇主と雇われ人とは主従の関係ではない。一は金を出し、一は労力を出す、という対等の「産業社会の民主主義」というべきであり、同盟罷工《どうめいひこう》(ストライキのこと)という状況は双方のみならず、社会にとっても最大の損失である(「雇主と雇人の関係」十五号)。

驗を記して江湖當業者に質す

○商業界

林 元 吉

維新の改革は大暴風地を捲くの勢を以て之を成せり左れば野馬や塵埃や草や木や人や畜や所在の萬物悉く打破せられ掃却せられ蕩然叉子遺あるなし快なる哉高きに登て四顧すれば新草木栽し新人物動き新家屋興り天地全く其觀を新にせり噫彼改革は萬物を打破せり因て叉之を創造せり而して吾人は方に今守成の時代に在り試みに天保以前の老人を肥後の五箇山中に起し來つて今の市町を見せしめよ電信汽車汽船郵便馬車の大より靴帽子洋服ステツキの細に至り結髪變じて散髪となり紙傘變じて布傘となり黒鐵欄赤煉瓦の巍々乎として雲を衝き石橋鐵橋の蜿蜒波に臥すを見ば老人如何に驚くやらむ然れとも猶是れ外觀のみ内部文學科學の精妙より治法制度の仔細に至り一々撿點し來れば思ふに彼れ驚異の極自から其身の狐憑にあらざるかを疑ふ程ならん實に維新の改革は大變革なり日本が文明國としての一大紀元を形爲するものあり然れ共吾輩特に怪む商業界は依然として舊に依り差したる變革なきを彼れ豈に暴風の吹き漏す所となりしにあらざる歟
然り商業界は全く吹き漏されしに相違なきなり商なる考へは改革者輩が念頭には毫末も上らざりしなり獨り改革者輩のみならず當時士人は一概に商なる職業を賤界の外に抛擲し置きたるなり蓋し何れの世何れの國を問はず苟も武斷政治の行はるゝ所には商は必ず卑賤のものなりとして擯斥せらるゝが如く封建の當時我國に在りても亦商を以て人民の最下級に從けり漢學先生筆を援れば則ち爭錙銖事末利と書して之を賤み徒士足輕の如きすら口を開けば則ち素町人と曰ふ斯くして商は士流よりも學者よりも共に見棄てられたるなり夫れ維新の時幕府既に鹿を失ひ高材疾足のもの競ふて中原に相驅逐す豈に他を顧るに遑あらんや況や此匆忙緊急の時何を苦でか世人の最も賤むる商業を取るの好奇を爲さんや商業の維新の改革に伴はざりしは之を以てなり

信濃殖産協會雜誌第十號　論說　(七)

「商業界」冒頭　『信濃殖産協会雑誌』

以上(1)から(6)の論点だけを紹介したが、ほとんどが短文であり、論理を尽くして述べているわけではない。しかし、(1)「商業界」は、後述するが、当時の高等商業学校が抱えていた問題を反映して興味深い。すなわち、学校では単なる帳簿づけの技術を学ぶのではなく、商業、ひいては経済という問題の原理から学ぶべきだという主張である。また、（5）「簿記学の必要」の考えは技術の重要性も主張することから見て、彼は原理と技術の両方が必要という立場を取っていることが理解できる。

概して、これらの文章は、原理原則に触れたものにとどまらず、信濃殖産協会という雑誌の性格上、長野のことにも言及している。言わば、物事を複眼でとらえるという視点で書かれている。この執筆態度は、後に新聞記者となる彼にとって必要だったものである。

『山林』百十七号（明治二十五年九月）の「林産物市場の整理」も注目に値する。明治十五年一月に創刊された同誌は、大日本山林会の機関誌で、月一回開かれる例会の一部を掲載していた。林は、この編集に携わるようになってから、林業を研究するようになっていた。この一文は明治二十五年七月の中村弥六の講演に触発されて執筆された。

——近代社会においては需要と供給の関係はさほど問題視するに及ばない。それよりも考えねばならないのは、中村弥六の講演でも述べられたように、市場の整理である。例えば、運搬についてみると、馬から馬車、汽車というようにコストは次第に少なくなっている。薪炭《しんたん》や薪は東北鉄道開通によって、東京へは黒磯などから入ってきた。

しかし、消費がさほど活発でない他の林産物はどうか。中間市場という媒介者が十分に機能していないために、運搬の便を生かし切れていない。江戸以来の伝統を持つ深川木場の現状はどうか。ただ習慣に従って営業しているため、しっかりとした組織が整っていない。

林業に関する急務は、第一に市場の整理、第二に林制の改良である。つまり、それは、特権を享受した昔を忘れて、今日の需要は国内に止まらないことを知り、内地の供給は鉄道の利用によって容易であり、これに対して適応なる機関を備え、さらなる運動をすることである。

これは、決して緻密《ちみつ》な論とは言えないものの、林業に関心を抱き、それとまともに対《たい》峙《じ》してみようと考えを固めつつあった彼の姿がうかがえる。

第二の小伝について、まず「田中平八小伝」は『信濃殖産協会雑誌』の十二号から十七号まで連載されたものだが、その後刊行されたかどうかは不明である。

冒頭で林はいう。信濃には大きな川が三本ある。それは千曲川と木曽川と天竜川であると。それぞれの岸辺に生まれた佐久間象山、木曽義仲、糸平こと田中平八、この三人は傑出した人物で、そのうちの糸平について出身地や祖先から説き起こして時系列にその生涯を記述する。天保五（一八三四）年に生まれ、明治十七年に没した彼はつい最近まで生きていた郷里の偉大なる先人、しかも自分が今その賭場口にいる商業人として尊敬すべき先達である。生糸の売買で財を成したところから糸平といわれるが、自分は「天下の糸平」と命名するとして以下、具体的に記述を開始する。

通説では、糸平が商売に生きることを決意したのは、志士との交流や天狗党の乱に参加して投獄されたことが原因と言われるが、彼は京都で佐久間象山と偶然出会った時に受けた一言が契機になったと説く。

外人の驕横《きょうおう》を制して自家の利益を保護するはたとへ市井《しせい》に在りて一個の商人たるも其《その》功績は決して廟堂《びょうどう》に在りて紀綱《きこう》を振張《しんちょう》するの士大夫《したいふ》に譲《ゆず》らざるべし（略）今より商となりて以《もっ》て身を立てよ功名富貴《こうめいふき》は剣に仗《よ》りてのみ得らるるものにあらず。

――外国人の我ままを制御して、自分たちの利益を守るのは、たとえ、身が町中に住む一商人であっても、その功績は決して朝廷で国家を統治している官僚たちに劣るものではない。（略）これからは商人となって身を立てるがよい。功名や富貴というものは剣の道にだけで手にはいるものではない。

この話に糸平は大いに悟るところがあって、身なりを商人風に変えて発起したというのである。また、この考えは先の（1）「商業界」の林の主張と一致するものでもあろう。

糸平の業績を、為替会社の設立と高崎藩の藩店管理、水道会社の頭取等にまとめた林は、彼の仕事の特色として、常に社会一般を助けようとの観点に立っているという。時には一己の私利を顧みることなく関与することもあると指摘する。

最後に、田中平八に対する林の評価が述べられる。

世間では糸平を敏慧《びんけい》にして剛膽《ごうたん》、機を見て善《よ》く断《だん》ずというが、それだけではない。彼は、義侠《ぎきょう》に勇み毅然《きぜん》として苟《いやしく》も人に屈しない点が認められねばならない。また、往々にして今の神商は昼と夜に見せる顔が異なるが、糸平はそうではない。単身敢《あえ》て「危険の商界」に入り、一己の手腕を以《もっ》て相場の世界を縦横し以《もっ》て一世の巨商となったのだ。しかも、義のために銭を散ずるを惜しまない。誠に得難い好漢というべきである。糸平を単なる賭博漢《とばくかん》、相場師に過ぎないという評価は全く的外れである。

商業に深い関心を持つ林は、この糸平にある種の理想を見たのかもしれない。

以上のような記述を林はどんな資料に拠《よ》ったのか、どんな人物に面会して情報を得たのか。糸平没後そんなに経過していないので、面会による情報収集も可能だったはずだが、そのことについて触れた文章は未詳である。

『二代野口庄三郎伝』は、本文二十六頁から成る小冊子で、明治二十六年六月二十日に刊行された。実は、その一年半後の『山林』第百四十五号（明治二十八年一月）に再掲載されている。しかし、その再掲載された明治二十八年は、すでに林は『山林』の編集から縁が切れており、日清戦争の従軍記者として現地に赴《おもむ》いていた。どうして、再掲載になったのか事情は不明というしかない。

二代野口庄三郎（一七九九～一八七一年）は現在の長野県松本市出身で、父の初代野口庄三郎から継いだ家業の材木商で財を成した人物である。四代は東京深川東平野町に居を構え、信濃殖産協会には明治二十四年五月に特別会員として入会している。おそらく、その縁で林が二代野口の伝記を執筆することになったのではないか。

林は、江戸の材木商として先ずは紀伊國屋文左衛門と野口庄三郎が挙げられるが、その業績において甲乙つけがたいと考えられるのに、どうして紀伊國屋だけが世に名が知られるのか、という疑問から書きだして、それは、前者が里謡等に採用されることが多いからだと結論づける。そして、野口はその実績では決して引けを取らないという。

以下、順を追ってその生涯と業績をたどる。まず、彼は、野口が幼少時から近隣の山林によく出入りしていたうえ、各地の山にも出向いていたため他の材木商と比較して材木をはるかに知り、そのため、緊急の用向きにも役立つことが可能だったという。

特に彼が強調するのは、「林は国の至宝なり伐《き》つて植へざるは国を賊《ぞく》するものなり」という考え方である。つまり、単なる材木商でなく、伐採した分の植林を同時に実行する考えを野口が持っていたということを、卓越していると指摘する。なぜなら、この考え方は山林学の進んだ欧州でも最近広まったものだからである。

その履歴を紹介した後で、林は言う。「維新後に我が国の全てが一変したとも言えるが、ただ森林制度は全く手付かずで、材木市場は混乱を極めているし、需給流通に関しても取引は国内にとどまるだけで、海外に及んでいない。森林国と言える我国の利を生かしていない。学者がようやくそのことを談ずるようになったものの、いまだ実効に至っていない。文字を読めなかった野口がその学理を理解できないのはやむを得ないとしても、あと七、八年永らえたならば、その恩恵を活かすことが可能だったろう」と。

この二代野口庄三郎との出会いによって、林は森林に関する将来を考え、事業に生かすヒントを貰《もら》うことができた。さらに、その縁で野口家との交際が始まり、以後の林の人生に大きい影響を及ぼすことになった。これについては後述する。

次に、第三の文章について。「日本人の愛郷心及び愛国心」（『松本親睦会雑誌』第五十一号　明治二十三年十一月）は、編集者にとっては何とも嫌味な内容に受け取られたはずである。

林は、「松本人は自然の地勢と幕府の干渉のために、自然と規模が狭少な人物に製造された。それを解消するためには、県内各地方の団結を図ることを目的とする親睦会や郷友会の類は、封建割拠の状態を再演しようとするものだから、解散して、日本という概念の下に一統されるべき愛国心に換えられるべきだ」と言う。もっとも、林はこのような考え方の是非について、俄《にわ》かには決しがたいと一応断ってはいる。

要するに、愛郷心が大事で重要なのは理解できるが、現代はそれにとどまらず、愛国心を持つことがより肝要だと主張しているのである。

林がより詳しく述べるその理由は、以下の通りである。

――日本は東洋の一独立国として諸外国との交通が煩瑣《はんさ》になっている。スエズ運河の開通やシベリア鉄道全通はそれに拍車をかける。世界は広くなったのである。その影響は日本の全国津々浦々に及び、帝国議会の開会が目前に迫る今日、視野を広く世界に向けるべきだ。今後は益々欧州諸国と相い競わざるを得なくなる。鎖国時代のように国内の問題だけに汲々《きゅうきゅう》とするのではなく、同時に目を世界にも向けるべきだ。

日本は東洋の英国だと言われるが、確かに地形的に似ており、貿易を重要な立国条件にする点も同様だ。しかし、英国人の剛毅堅忍《ごうきけんにん》な一面を果たして日本人は備えているか。それが備わっていないとすれば、東洋の英国と名乗る資格はないと言わざるを得ない。

祭日に日章旗を掲げ、一杯のビールに酔いながら天皇陛下の健康を祝し、国家の安全を祈りつつ、外国人に向かってその愛郷心愛国心を誇るべきである。

このような考え方は、今日はむろん、当時においてもそんなに新しく、特異なものとは考えられない。糸平は封建時代を通り越した業績を残し、二代野口は時代に先駆けた方法で事業を成し遂げた。それらを踏まえて林は改めて愛国心を主張したと思われる。ある意味で、それは自分に対する言い聞かせであったのではないか。

こうして、林は、世界の中の日本、という認識、その日本への愛国心を確認しながらその気持ちを育んでいく。「日本人の愛郷心及び愛国心」の一年後に発表された「信濃が将《まさ》に天下の大道たらんとするを論じて信濃人士の覚悟を促す」（『信濃殖産協会雑誌』第二十一号　明治二十四年十一月）は、その延長線上にある林の考え方を示した文章である。

林は世界史の観点から近年の東洋の発展について述べ、地勢的に現在香港が東洋では優位を占めているが、そのうち、我国がそれにとって代わるだろうという。

いずれ、パナマ運河が開通する。また、シベリア鉄道が開通すれば、欧州の乗客貨物は、モスクワを経て日本海に届く。さらに、日本海を渡って我国の内陸へ運ばれるが、その集配の拠点はどこか。東からの物は横浜に来て水揚げされるが、日本海の場合は新潟が妥当なところである。この新潟と横浜とを結ぶ陸路は上越鉄道経由が優位とされる。

しかし、新潟は良港とは言えない。伏木や七尾も良港とされるが、汽車の利用には僻地《へきち》過ぎる。とすれば、若干、港域が狭隘《きょうあい》だが修築を加えれば、信越鉄道の起点たる直江津にも近く、水深が深い郷津《ごうつ》が適切かと判断する。

いずれにせよ、我が信濃は二年前に、北は大田切小田切の険《けん》を拓《ひら》き、東は碓氷《うすい》峠《とうげ》の山道を通して鉄道を敷設《ふせつ》した。もし、これが横浜への連絡道になるならば幾十倍もの客と荷物が経由することになる。山々に囲まれた僻地が一変して天下の大道となる。そのことを知るべきである。

このように述べる林は、常に視野を、信濃を越えて日本国内、さらには、国外へと向けていた。

今まで、林の文章をその内容と、彼の交際範囲とを絡めて見てきたが、共通点を何点か指摘できる。それは、信州出身者とのつながりが深く、しかも多くが材木と何らかのかかわりを持つということである。どうして彼らと縁を持つことができたのだろうか。言うまでもなく、高等商業学校入学後に信濃殖産協会や松本親睦会という団体に加入して、それぞれの会の雑誌編集委員に就任したことだ。その仕事が長野出身者との絆を深めていった。恐らく、若く、功名心に逸《はや》る彼は、名を成した先輩達との交際を通じて、自身もその地位を得ようとしていた。それは向上心旺盛な若者として当然のことだが、同時に、様々な刺激を得て自身の成長につながっていった。また、先輩との交遊を通して日本という国の見方、そこにおける自分の生き方を少しずつ固めることにもつながった。

また、愛国心を述べた文章についてだが、このような考え方を彼がどうして身につけることができたのか。少年時代からの家庭環境なのか、学校教育なのか、それは明確にできない。ただ、このような考えを持って佐久間象山と出会い、著書『佐久間象山』を完成させることによって日本というものを改めて見直したことは間違いない。さらにいえば、後に同様に愛国心を持つ人たちと交遊することも影響して、それを深化させた。

以上、見てきたような文章を林が発表し続ける間に、林が入学した高等商業学校は実学中心の運営方針にするか、商業教育を重視するかで特に初期には教員間でも生徒間でも大きく揺れ動いていた。そういう学内の対立は、生徒側からの学期試験科目における特定科目の撤廃要求、さらにそれに端を発する試験放棄という事態へと発展した。参加した学生数は六十余名。明治二十四年十二月のことである。

これは校長排斥《はいせき》運動にまで展開した。時の校長は、商法講習所の開学以来長期間、学校経営に腐心してきた矢野二郎であった。年が改まっても解決の道は見えず、明治二十五年一月、学校側は騒動に加担した本科二年生四十五名に退学を命じた。それに不満の本科一年、三年、予科一年、二年の計二百余名が文部省に直接、意見を述べ、処分撤回を求めた。その責任者である矢野校長も責めを負わされて同年四月に罷免《ひめん》になった。

林も退学処分を受けたうちの一人であった。

処分を受けた彼はどんな気持ちでいたか。もちろん、彼なりの考え方に基づく行動であり、それに対する結果は堂々と受け止めただろう。最初は、それでも、自分たちの正当性が認知されないことに対して不満を覚え、悔しさをにじませ、憤りを感じたかもしれない。

　退学後の林はその身の振り方を選択しなければならない。むろん、これまでの進路決定に際して一役買ってくれた養親や次兄のことを思うと、今さら長野に帰るわけにも行かず、東京で生きることを決意する。幸い中途半端なものとは言え、高等商業学校で身に付けた商業実務がある。それを生かした仕事はできると考えただろうし、東京英和学校で学んだ英語の知識も役立つと思ったはずである。彼はそれらを生かす自活の道を探った。

　具体的にいうと、後に彼が外国旅行をする際の資金援助をすることになる名古屋の豪商野口吉十郎が深川に置いた事務所の帳簿の面倒を見たり、二代野口庄三郎の孫庄一郎（のち四代野口庄三郎）の事務所で会計を担当したりして生活費を得た。

　野口吉十郎は、愛知県名古屋市熱田町白鳥在住の豪商で、二代野口庄三郎の嗣子《しし》である。明治二十六年に還暦を記念して地元の寺で大法会を営み、その前年の十二月には『中央鉄道ニ対スル意見』、翌年四月に『中央鉄道に対する意見・追論』を発行して、現在のＪＲ中央本線の軍事的経済的必要性を説いた。明治三十年四月には本業と密接に関係する本『植林会社の設立を促すの檄《げき》』を出版している。父譲りの公益を重視した活動を続けた人物であった。

この頃、林が出入りし、彼の人生を左右した、もう一人の重要な人物がいる。中村弥六（一八五五～一九二九年）である。中村は長野高遠の出身で、生家は祖父と父の二代続く儒学者の家系であった。上京して開成学校（後の東京大学）に学び、ドイツ語を習得した。ほどなく内務省地理局（後の山林局）に入った。ここで林業の重要さに気づかされ、本格的に林業を学ぶために、明治十二年に自費でドイツへ出発。同地のミュンへン大学で学んで四年後に帰国した。留学中は、日本の地位が低いのに憤慨して大勢の前で抗議の演説をしたとのエピソードも残っている。

その後は農商務省を経て東京山林学校教授（のち東京農林学校、東京帝国大学農科大学）から、再び農商務省に戻るが、役人の覇気のなさに嫌気がして政治家を志望。明治二十三年の第一回衆議院選挙で長野第六区から立候補して当選。以後、政治家として明治四十一年の第十回衆議院選挙まで連続十回当選し、活躍した。

中村弥六は日本で第一号の林学博士であるが、そもそも大日本山林会の主要メンバーであり、国会議員でもあるから、『松本親睦会雑誌』や『信濃殖産協会雑誌』の顧問に名を連ねるのも当然である。林が編集委員を務めるようになってから、中村と自然と行き来が増したと考えられる。その延長線上に、『山林』編集委員への斡旋《あっせん》となったのであろう。その時期は、高等商業学校入学後と推定される。

交際を重ねるうちに二人は気心が知れるという程度ではなく、林は中村の人生観や世界観に共鳴するようになったし、中村は林を信頼がおける後輩として認めるようになった。

こうして、中村の林業に対する持論、つまり日本の耕作面積より遥かに広い山林を有効に活用してこそ、国が豊かになる、という考え方に共感した林は、材木商の野口家との交際を通じてその下地ができていたこともあり、それまで抱いていた「英学を生かした仕事」を捨てて、山林事業を志向するようになったと考えられる。

中村をはじめ、野口庄三郎、野口吉十郎らとの交友関係から影響を受けた林は、我が国の林業のために事業を起こそうと次の段階を考えるようになった（明治二十六年十一月二十八日付『北國新聞』、詳細は後述）。

なお、付け加えれば、林は数年後、フィリピン独立運動にかかわることになるが、それは中村の誘いによるものであった。無理強いされたのではなく、林が抱く考え方もそれに近いものであったから、「男児一必の事業」（林の言葉）として積極的に参加したと考えるべきである。

興味深いことに、このような生活の変遷の最中にあって、林は、著書『佐久間象山』出版の構想を練っており、執筆の準備に着々と勤しんでいた。高等商業学校の退学を機に、その完成に一層心血を注いだ。

# 第二章　『佐久間象山』刊行

## 客観に重きおく方針

森林事業に対する彼の行動を追跡する前に、著書『佐久間象山』について見ておく。そもそも、どのようにして彼は佐久間象山（一八一一～一八六四年）に興味を抱くようになったのであろうか。

林が高等商業学校在学中、大日本帝国憲法の成立を受けて第一回衆議院選挙が施行されようとしていた。これまで見てきた文章からも推察されるように、このことに林は大いなる関心を抱いていたと考えられる。また、自由民権運動に加わり、新聞記者として活躍する八歳上の兄赤羽萬次郎の活躍も当然視野に入っていただろう。従って、郷土の大先輩である佐久

単行本『佐久間象山』の表紙

間象山の事績を通して、現状況をより深く把握するための一助にしようと考えたとしても不思議ではない。『田中平八小伝』の冒頭で林は、長野ゆかりの田中平八、木曽義仲、佐久間象山の三名を偉人として掲げた。木曽義仲は遠い過去の存在だが、とすれば、糸平に続いて象山を書きたいとの意欲が一方に存在したとしても当然である。

『佐久間象山』は、明治二十六（一八九三）年十二月十六日に東京神田の開新堂から出版された。二百六十九頁、全六章から成る。それまでの『田中平八小伝』や『二代野口庄三郎伝』などとは比較にならない量と内容で、力作である。

その執筆動機の一つを彼は次のように言う（本書「第一　緒言」）。

象山は如何《いか》なる人物か、世皆其盛名《よみなそのせいめい》を記す、其卓見家《そのたくけんか》なるを知る、其開国論者《そのかいこくろんじゃ》なるを知る、然《しか》れども象山本来の性格事業の詳《つぶさ》に至《いた》りては、世之《よこれ》を知るある鮮《すくな》し、

つまり、象山が盛名な割にはその業績が詳細に検討されていない、正当に評価されていないことへの不満があると林は言う。当時、暗殺された象山は、背面の刀疵《きず》が多いと

いうことから武士としてあるまじき姿として「卑怯な男」との風評が一般的だった。評価が低かったのは、その辺の理由もあったのだろう。それを彼は当然知っていたはずである。

彼はそういう風評に異議を唱えようと、象山に関する資料を読み漁《あさ》り、関係者を訪ねて自分の「象山像」を固める。

明治を迎えてから、象山に関しては子息の佐久間恪二郎《かくじろう》が勝海舟の援助によって出版した『省諐録《せいけんろく》』（明治五年）をはじめ、門人北沢正誠《まさなり》の『象山佐久間先生年譜』（明治四年）『象山先生詩鈔《ししょう》』（明治十一年）、清水義壽《よしひさ》編『信州英傑伝佐久間象山大志伝巻一、巻二』（明治十五年）、松本芳忠《よしただ》『象山翁事跡』（明治二十一年）等々が世に出ていた。むろん、これらにも林は目を通した。しかし、いずれも正当な評価をしていないという点において不満だったに相違ない。

林は、維新当時の志士達と比較すると象山が一等抜きん出ているという。それは象山が国防論者であり、開国論者であり、公武合体論者であり、一貫して主義主張を変えることなく、しかも誰にもおもねず、毅然と生涯を過ごしたためである。そのことが称賛に値し、尊敬すべきであるという。

このことを維新当時の志士と比較して結論を出す。具体的にいうと、明治の前に絶命した平野國臣《くにおみ》（福岡藩士）と橋本左内《さない》、さらに大政奉還に尽力した西郷隆盛や大久保利通、木戸孝允《たかよし》の五人と象山とを比較する。五人の中で平野と橋本、大久保の三人に関しては、気質や才能などが優れていると認められるが、彼らの個性を全て持つ象山とは話にならないと指摘。一方、象山が兼備しない性質を持つ西郷と木戸に関しては、その個性を認めているが、象山は彼らに勝る経綸策《けいりんさく》（国家の秩序をととのえる方策）をしっかりと持っているため、総合評価で彼らは遥かに及ばないと結論づける。

このような評価は、かたや思想家、かたや活動家であるのに、同じ尺度で測るという点でやや問題があるともいえるが、そもそも薩長を快く思っていなかった林からすれば当然である。

関ヶ原の乱後辺隅《へんぐう》に鬱屈《うっくつ》して、多年遺恨《いこん》の剣を磨《ま》したる薩と長とは、其《その》復讐的運動の時機到来したるを喜び、専《もっぱ》ら志士の木鐸《ぼくたく》となりて、人心を挑発煽動《ちょうはつせんどう》し、元治慶応の際に及びて殊《こと》に其騒擾《そのそうじょう》を極《きわ》め（略）。

――関ヶ原の戦い以後、幕府から離れた地にふさぎ込んで、恨みを抱いたまま剣の腕を磨いていた薩摩人と長州人は幕末にいよいよ恨みを晴らす時が来たとばかりに勤皇《きんのう》志士たちの先頭になって、人々の心をそそのかし、あおりたてて、特に元治慶応年間には騒ぎ乱れた（略）。

このように、薩長に対してかなり手厳しい見方をしていることがわかる。維新の彼らの行動の動機を単なる、徳川への多年の恨みをはらす復讐的行動だと断じている。

『佐久間象山』は、次のような構成をとっている。

第一　緒言

第二　経歴

第三　経綸《けいりん》

第四　学芸

第五　性行及風貌《ふうぼう》
第六　逸事《いつじ》

「第二　経歴」から「第六　逸事」の前に、林は執筆上の基本方針を示す（「例言《げん》」）。具体的に次のようなことを述べている。

みだりに自分の主張を出さないように出来るだけ客観的に述べたい。そのために資料に語らせるという方法を採る。生前の象山の立場上、止むを得ず焼却されてしまったものもあるが、旧門人や関係者にあたってその目的を達したい。本文の引用にあたっては象山の意志に沿うように省略を避けて全文を紹介することを心掛けたい、というのである。

この方針にしたがって、林は関係者を頼って聞き取りをしたり、貴重な資料を借覧したり、訓読の指導を受けたりするなど丹念な取材を経てようやく完成させた。

苦労の一例を挙げる。

象山の「海防に関する藩主宛上書《じょうしょ》」〈天保十三（一八四二）年〉には草稿が実在するが、それにもしっかり目を通していたことは、後世の研究者によって確認された。取材がそれほど徹底していたということである。

象山の自筆、しかも漢文でしるされた草稿を閲読《えつどく》するのは大変だったろうし、まして や内容を理解するとなると、明治の青年がいくら優秀でもかなり困難を極めただろう。

このような執筆方針に従った結果、本書は資料の引用が多くなった。全体の約六〇％を超える引用なので、むしろ本書は資料集と呼んでもいいほどだ。おそらく、こうした特色は信濃教育会が大正九（一九二〇）年に初の象山全集を刊行するまではかなり重宝されたのではないだろうか。

各章の内容をみていく。

「第二　経歴」は、誕生から死に至る五十四年間を、執筆方針に従って節目節目の生活履歴について上書（殿様などに意見を書いて出す手紙）や詩賦《しふ》（韻文《いんぶん》）、手紙、日記などの引用を加えながら、述べていく。その執筆方針に基づき、資料内容について解説などの批評や価値判断を交えない記述であった。

最初の江戸遊学から戻った際の藩校建設などを含む上書第一号の「学校意見並びに藩老に呈する附書」〈天保八（一八三七）年〉や「海防に関する藩主宛上書」（前記）「ハ

リスとの折衝《せっしょう》案に関する幕府宛上書稿」〈安政五（一八五八）年〉、「幕府宛上書案」〈文久二（一八六二）年〉等を主なものとし、さらに「望獄賦《ぼうがくふ》」や「桜賦《さくらふ》」のような代表的詩作、そのほか吉田松陰宛の書簡や、死の四日前に投函《とうかん》した郷里宛の書簡、京都での公務日記〈元治元（一八六四）年〉『省諐録《せいけんろく》』などを適当に織り込んで象山の生涯が浮かび上がるように工夫している。

これに、象山の郡役人時代の業績をつづった『輶野日記《くつのにっき》』を加えれば、主要なものはほぼそろうことになる。それほど充実した内容であった。

しかし、「第二　経歴」において、資料の引用による記述に徹していた林が「第三　経綸《けいりん》」では態度を一転させた。国防論、開国論、公武合体論の三論は、象山にとって「象山の代表者」「化身」であるゆえに、これらについて詳論すると言い、「例言」で示したそのような執筆方針を逸脱した。

なぜ、この三論が「代表者」であり「化身」なのか、その理由について一切触れていないが、遺《のこ》された文献を収集し読破した林がこの三論を最重要視したのだろう。実は、「緒言」で既に次のように述べていた。

彼《か》れ始《はじ》めより国防の一日も忽《ゆるがせ》にすべからざるを知り、極力其《その》方法を規画《きかく》し、中ごろ開国の国家の長策なるを認め、之《こ》れを上下に唱道《しょうどう》し、更《さら》に進んで公武相《あい》協同して一体となり、以《もっ》て内憂《ないゆう》を治《おさ》め、以《もっ》て外患《がいかん》を厭《えん》すべきを論《ろん》し、敢《あ》えて輿論《よろん》に逆《さか》らひ、牢《ろう》として動かず、而《しか》して終《つい》に其説《そのせつ》に殉《じゅん》せり、豈巍然《あにぎぜん》たる大丈夫《だいじょうぶ》にあらずや、是《こ》れ予《よ》の象山を推《お》す所以《ゆえん》の本領《ほんりょう》なり。

――彼は、最初は国防が一日もおろそかにできないことを知ったので、精一杯その方法を考えた。次に、開国が日本という国家にとって最上だと知り、この考えを皆に言い、さらに、朝廷と幕府が力を合わせることによって国内外の心配事がなくなると主張し、それが世論に逆らうことになっても決して譲《ゆず》らない、そのために終いには死ぬことになったが、これこそ際立った男の中の男ではないか。私が象山を推薦する理由がここにある。

つまり、象山は国防が第一であることを言い、その方策を種々提言し、次に、開国の必要性を各方面に説き、さらに公武合体の体制でこの内憂外患《ないゆうがいかん》の危機的状況を脱するべく、敢《あ》えて世論に逆《さか》らって自説を強く主張し、そのために命をなくした、と林は彼を高く評価する理由を述べる。

この章では、前章で言及した「海防に関する藩主宛上書」と「ハリスとの折衝《せっしょう》案に関する幕府宛上書稿」の理解を前提として国防、開国、公武合体の三論を個別に述べる。最初に、密接な関係にある国防論と開国論を論じる際、象山は最初から開国論者だったのでなく、初めは攘夷《じょうい》論者だったと指摘する。

主に上記の文献に拠《よ》って「外夷《がいい》」→「外蕃《がいばん》」→「外国」というふうに相手国への呼称の移り変わりに注意する。この移り変わりの理由は相手国への敬意が増しているからだという。

象山は洋学を修めてようやく泰西《たいせい》（西欧諸国）の諸事情を知り、それまでの自身の非なる点を悟って、考えを変える。「夷《い》」や「蕃《ばん》」など外国を侮《あなど》った言い方は失礼だと象山は思ったのだという。外国を表す言葉の使用例から、このような結論を導いた林の見識は鋭い。

林の論は続く。

面積や人口が遥かに勝る泰西と対等に付き合うには、彼らからまず学ぶべきことを吸収した後で、開国の是非を判断するのがよい。そのためには、阿蘭陀《オランダ》から彼らのものと対等以上の軍艦を買い入れて、海戦に備えた砲台を日本各地に設置し、それらを自在に操る組織を整える必要がある。

また、泰西では全ての進歩の基礎になる学問の数学が発達しているから、我が国でも盛んにする必要がある。

このような象山の考えは、攘夷《じょうい》論を唱えていた時から四十歳以後の開国論に変化しても一貫している、と林は指摘し、次のように述べる。

蓋《けだ》し象山は攘夷論者に非《あら》ず、又開国論者に非《あら》ず、正《まさ》に卓然《たくぜん》として両問題の外《そと》に立つものなり、国防を主として深く両問題に拘《かか》はらざるものなり、唯其《ただそ》れ然《しか》り、故《ゆえ》に両問題に関しては極めて公平なり、公平の心を以《もっ》て世状を達観《たっかん》す、開国論を執《と》らざるを得ざるなり。

つまり、林は、象山を単純に攘夷論者と決めつけたり、開国論者と断定したりできないとしている。そういう攘夷論とか開国論とかの枠組みを超えた地点に象山は立脚している。ただ、ひたすらに国防という観点から物事を見て、判断している、という。

象山が終始一貫して開国という考え方を変えないのは、ひたすら日本という国を愛して将来を憂《うれ》いているからにほかならない。その意味では、彼は愛国者であり、客観的に状況を判断した結果が開国という結論に落ち着いた、というのである。この林の指摘も、従来の「開国論者・佐久間象山」像と比較すれば、卓見というべきである。

元治元（一八六四）年七月十一日に象山が暗殺された際の立て札に「此者元来《このものがんらい》西洋学を唱《とな》ひ、交易開港の説を主張し、枢機《すうき》の方え立入《たちいり》、御国是《おんこくぜ》を過《すぎ》候《そうろう》罪《つみ》云々《うんぬん》」（――この者は、以前から欧米の学問を主張して外国との商《あきな》いを主張して、高貴な方の所へ出入りして国で定めたことを越えてしまっている罪は云々――）とあった内容は、林から見れば全くもって見当外れの、象山の真意を少しも理解できていないということになる。

さらに、林の検討は続く。

国防を完備することが外国との和、戦いずれにも対応でき、かつ鎖国と開国とのいずれにも用が足りる。国防には、まず我が国は海岸の守備を固めることが第一である。

しかし、国防の本来の意味は、戦うよりも戦うことを避けるためにある。軍艦を用意し、兵隊を整え、武器を調達すると同時に南北に細長い国を護《まも》るためには、要所要所に防備の中心地を設置することも肝心である。林は、このような象山の考えは最初から一貫して変化はないと指摘する。

それでは、公武合体論についてどのようにまとめているのか。先の立て札には暗殺された理由がいくつか挙げられていたが、林は最初に、公武合体論と遷都《せんと》に加担したことが象山の死因だと言い切る。

象山の考えはまず、外国勢が虎視眈々《こしたんたん》と我が国を狙っている以上、公武合体こそが国家にとっての急務であり、得策である。ましてや長州勢が入京を企《たくら》む前に宮城《きゅうじょう》を移したほうがよい。すなわち、公武合体こそ「内国の団結を堅くする所以《ゆえん》の第一手段」であると主張する。

第二に、徳川家の譜代《ふだい》である我が君の家臣である身にとっては正系の陪臣《ばいしん》である以上、幕府に忠実であるべきである。同時に、勤皇家《きんのうか》でもある象山は「まず幕府に奉公し、而《しか》して天朝に勤《いそ》しむるを事物の順序」と考え、この国内が騒乱《そうらん》、緊急の折にこそ幕府と天朝は相和して事に当たるべきである、と。

さらに、和宮《かずのみや》の東下《とうか》も公武合体を推進するためには効果がなく、象山の死によって遷都もならなかった。もし、遷都が成功していたら、伏見鳥羽の敗戦や会津若松の落城もなく、状況は一変していた、として象山の考えを紹介する。

また、遺《のこ》された「幕府宛上書案」〈文久二（一八六二）年〉から次のような象山の考えを推論できる、ともいう。

それは、新しい世になったとして、象山は泰西《たいせい》の立憲制度と我が国の国体とを折衷《せっちゅう》した政体を考えていたが、それでも社会のあらゆる階層の人々は平等だという四民平等の思想は微塵《みじん》も抱いていない。貴賤尊卑《きせんそんぴ》の存在は我が国においては当然のこととしている。象山は日本の大権を幕府に集めようとし、天皇の親政を非とする。つまり、「将軍が大権を奉承《ほうしょう》して上天皇《うえ》に仕《つか》へ下衆庶《したしゅうしょ》を治むべし」と考えていた、と。

以上が、林による「第三　経綸」のあらましである。しかし、この中で、「明治」を迎えた時の象山の思想を推測した辺りは、林にとっては記述しながらも納得がいかないものだったに相違ない。

なにしろ、象山は「四民平等」を否定し、「貴賤尊卑」を当然と考えていたからだ。一方、林は、福沢諭吉の「学問のすゝめ」（明治五〜九年）などによって「天は人の上に人を造らず、人の下に人を造らず」という考え方を知ってしまった世代であった。にもかかわらず、林はこれを否定的にも肯定的にも紹介するわけでなく、象山思想の事実としてありのままに述べている。この辺りが冷静な林の特性なのだ。

残る「第四　学芸」「第五　性行及風貌」「第六　逸事」の章は、前章までと比較すると、量的にも劣る。これらは本来、「第二　経歴」の章に盛り込むことも可能だったろう。

しかし、これらの執筆方針は「第三　経綸」と異なって、「第二　経歴」のように詩《し》賦《ふ》や書簡、讃《さん》等を適宜引用した記述を採る。

この中で一つ注目したいのは、最終部で海江田信義《かいえだのぶよし》（有村俊斎《しゅんさい》）の『維新前後・実歴史伝』に触れていることである。林自身はこの書物の象山に関する記述内容について批判的なのだが、それはさておき、元薩摩藩士だった海江田のこの書物は林の『佐久間象山』出版の一、二年前に刊行されたもので、林が執筆に際して象山関連の直接資料だけに目を通していたのではなく、幅広く関連の書物に目配りしていたことを物語っている。

## 象山の生き方に感銘

先に述べたように、象山の死後、そのイメージはあまり芳《かんば》しくなかった。知行《ちぎょう》や屋敷地没収の上、子息の恪二郎《かくじろう》も蟄居《ちっきょ》処分を受ける始末で、明治三年になって佐久間家の家名再興が許可され、明治二十二（一八八九）年に正四位を贈られてようやく名誉を回復することができた。

しかし、いったん定着してしまった風説はなかなか無くならないようで、『評伝佐久間象山』の著者で昭和二十一年生れの松本健一も象山は「卑怯な男だった」との記憶を持つという。加えて、象山は生前、自信過剰で傲慢《ごうまん》な人物であるように評価されている。

有能かつ優秀な人物に有り勝ちなパターンではあるが。

本書には、林が書籍の売り上げを外遊の資金に充てようとする志に意気を感じた渡辺《わたなべ》国武《くにたけ》（一八四六年生）が無辺侠禅《むへんきょうぜん》というペンネームで「序」を寄せている。渡辺は信州の諏訪高島藩士の子に生まれ、藩閥政治の中にあって二度も大蔵大臣を経験した実力の持ち主であり、この頃は第二次伊藤内閣で最初の大蔵大臣を務めていた。

渡辺は、郷土の先輩象山への弟子入りも一時考えたほどその思想や行動に心酔していたが、象山の暗殺によって果たせなかった。彼は「序」において象山のことを驕慢《きょうまん》で狷介《けんかい》という評価があることを紹介している。いかにも豪放磊落《らいらく》な渡辺の人柄を示す表現の仕方だが、もちろん、「序」であるから、貶《おとし》める目的で述べているのではなく、後半部分の讃美のための前置きとしている。つまりは、それほど象山について毀誉褒貶半《きよほうへんなか》ばする噂《うわさ》が一般に流布《るふ》していたということである。

これら風評のために死後も象山の業績は正当な判断を妨げられていた。しかし、林はそんな風評に一切惑《まど》わされることなく、遺された資料に語らせることによって象山に対する評価とその判断を読者に委ねようとしたと思われる。本書はそのためのレポートであろう。

その手法は、繰り返すが、資料によって語らせるというものだが、「第三　経綸《けいりん》」だけがそれに反している。しかし、むしろこの章で、持論を展開するために「第二　経歴」で全文引用という手法を用いたのであり、彼の主眼は「第三　経綸」にこそあったのだと解釈される。

そのレポートの内容を改めて要約すると、次のようになる。

西欧の技術はすばらしい。あらゆる面でそれを学び取る必要がある。また、彼らの船や大砲も我が国の及ぶところではない。彼らが所持する物、いやそれ以上の装備を我が国も早急に整えるべきである。これらの準備後に、鎖国か開国かを決めればよい。なぜなら、装備が完璧な国をもはや彼らは侮《あなど》れないからである。ただし、現在の危機状況は公武合体によって乗り切るべきである。このような考えを誰はばかることなく、死すら恐れることなく、訴え続ける象山は真の愛国者である、と。

こうして、象山が遺《のこ》した貴重な資料を読み込み、関係者の聞き取りを重ねて、本書を執筆し終えた後、林はどんな感慨を抱いたのだろうか。

おそらく象山が一貫して主義を変えずに生き抜く、郷里の偉大な先覚者という存在を改めて認識した。その生き方に共鳴し、感服し、目的のためには風評を気にすることなく、努力を惜しまず、この国を愛し、そのためには命を代償にしてもよいという強い意志を彼から学んだ。

それは、『松本親睦会雑誌』に掲載した特に第三の愛国心について述べた文章と内容が通じ、糸平や二代野口庄三郎にも通うような生き方でもあった。

本書刊行後、一年も経ずして日清戦争が勃発《ぼっぱつ》している。初めての対外戦争に、後に詳述するが、彼は従軍記者として戦地に出かける。そこで初めて「日本」という国の存在を意識し、実感したはずである。同時に、「日本」を常に念頭に置いていた先覚者佐久間象山の思想や生き方を想起したはずである。

この書以後では、佐久間象山に関する業績は、宮本仲《ちゅう》の初の本格的な『佐久間象山』（昭和十八年刊）や長野出身の作家・井出孫六『杏花爛漫　小説佐久間象山』（昭和五十八年刊）などが出版された。それらの中で、優れた見解は、私見では源了円《みなもとりょうえん》『佐久間象山』（昭和四十五年刊）であり、松本健一『評伝佐久間象山』（平成十二年刊）である。

前者は、象山の朱子学と洋学との関係に触れ、象山より二歳上の横井小楠《しょうなん》との対比から象山を説明しようとし、「近代日本における西欧文明への対応の一つの『型』、しかも最も有力な型をつくった模範的人物」であり、「彼のプランは彼の手によって実現できなかった。しかし、明治の日本ではほとんど実現できた」とその業績を評価する。

後者は、博識を生かして象山周辺の人物達との関係を多彩に取り入れて存分に描き切っている。「象山は『勤皇《きんのう》か、佐幕《さばく》か』という意識をこえて、『日本』というネーションの意識にめざめた、第一の人であった」「かれが表明した思想は、その後百五十年間、つまりほぼ現在までの歴史をかたちづくった」と結論付ける。

この見方、とらえ方と林のそれとなんと酷似《こくじ》していることだろうか。林のこの書物は象山の評価において先駆けとなる地位を占めている。にもかかわらず、それほどの評価をこれまで受けてこなかった。再評価に十分価すると考える。

ただ、『佐久間象山』が林の思いが詰まった力作で、評価が与えられたとしても、どうしても物足りなさが残る。それは儒学者としての象山の記述が不足していることである。その思想が「東洋の道徳、西洋の芸術」と特色づけられるように朱子学者としても一流の学者だった象山に言及しないのでは論として不十分と言わざるを得ない。そもそも象山は朱子学者として江戸でも著名であった。

ここで、林の記述とは無関係に、象山の思想について改めて概略を紹介しておきたい。

彼は天保十三（一八四二）年の「海防に関する藩主宛上書」で海岸防御を完全にしないと、清国のような目に会うと強調している。取りも直さず、アヘン戦争で清国がイギリスに敗れたことの衝撃からの発言であった。以後、彼は加賀藩の黒川良安《まさやす》からオランダ語学習の特訓を受け、それを元に西洋科学に関する知識を吸収し、世界情勢を分析して我が国の対処法を考えるというふうに、研鑽《けんさん》を重ねる。

その結果、「孔夫子《こうふし》の画像に題す」〈安政四（一八五七）年〉で述べるように、儒教と西洋科学とがバランスのとれた状態を彼は理想の姿とするのであった。

そういう象山の考えを林が知らないはずもない。実は『佐久間象山』上梓《じょうし》数カ月前の明治二十六年十月二十四日付から二十八日付の全五回にわたって「孔夫子」と題する文章を『北國新聞』に連載している。この頃は『佐久間象山』の原稿もほぼ形を成している頃である。それに満載しき切れなかった象山の原点ともいうべき朱子学、引いては儒

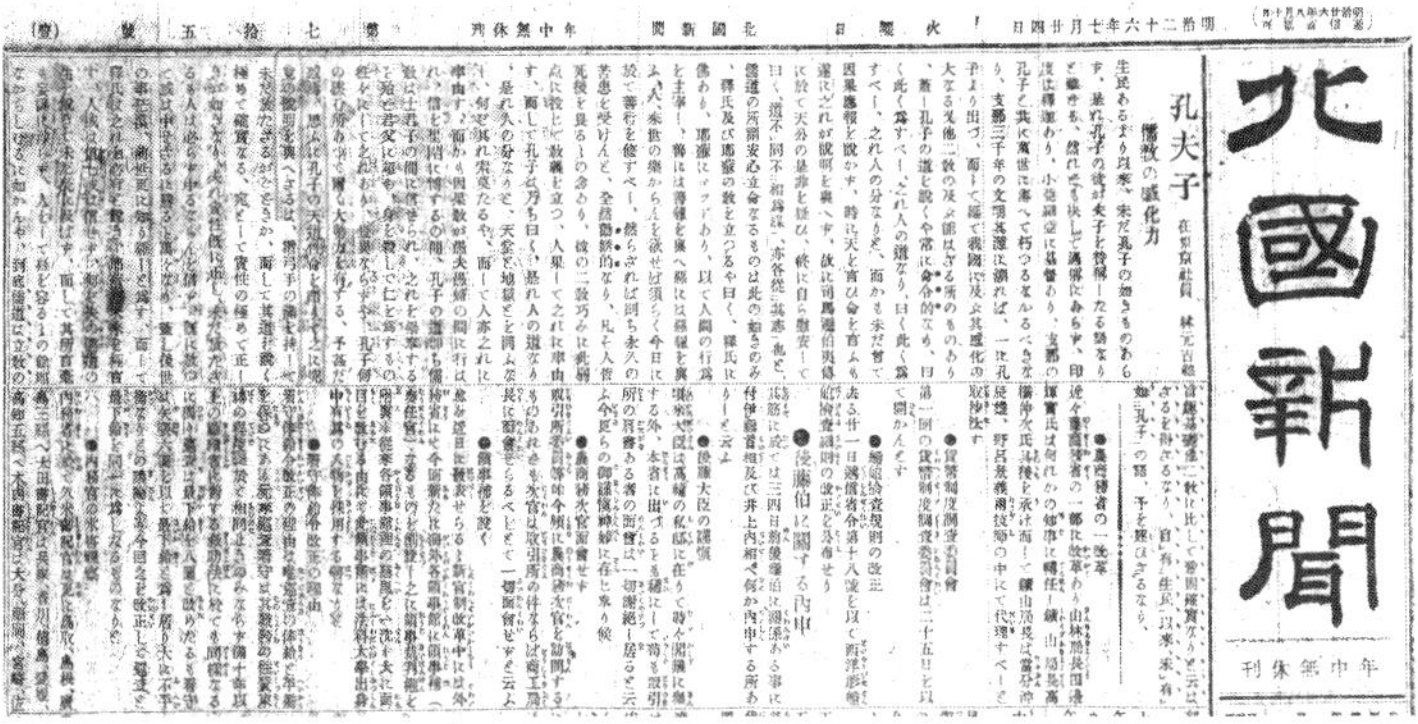
北國新聞

孔夫子

儒教の感化力

『孔夫子』が掲載された『北國新聞』明治26年10月24日付

教とそれの元祖である孔子について別稿を記す意思を固めた。その結果がこの連載であると考えられる。

このように考えると、『佐久間象山』に対する不満も納得がいく。

「孔夫子」は、孔子がキリストや釈迦《しゃか》と比較していかに優れた存在か、儒教がいかに優れているかを林が説いた内容である。

まず、「儒教の感化力」と副題がある第一回では、キリスト教や仏教が勧誘的なのに対して、儒教の教えは士君子の間に勢力を持つ。キリスト教と仏教が過去や未来に関連づけて説かれるのに対して、孔子はそうではない。道の説き方は確実で、人の資質に適応している。それが「立教の旨趣《ししゅ》基礎《きそ》他《ほか》二教に比して鞏固《きょうこ》確実」な所以《ゆえん》である、という。

「平民主義之張本《ちょうほん》」と題した第二回で、キリスト教の聖書や仏教の大乗経に相当するのは孔子でいえば「書経」で、ここにこそ孔子の本領を伺《うかが》うことができる。さらに、中でも堯舜《ぎょうしゅん》（堯、舜とも中国神話上の君主）についての、特に天位禅譲の記述に注目する。堯《ぎょう》から舜《しゅん》、舜《しゅん》から禹《う》への譲位はいずれも本人が盛徳《せいとく》かどうかが基準となっており、身分の上下は関係ない。こういう事柄を高く評価する孔子を、「孔子は平民主義の張本なり、彼の眼中には君主なし、階級なし、世襲制度なし、唯《ただ》平民あるのみ」という。

「孔子自ら天位を践《ふ》まんと欲す」と題した第三回は、孔子が三十歳を過ぎてから天下を漫遊《まんゆう》した結果、諸侯は足る存在ではない、自らが天位を践《ふ》まんと決意した。しかし、その望みも果たすことなく、弟子たちに倫理を講じる一方、「書経」や「春秋」の著述に努めた。特に後者は天位への未練を述べたものである、と解釈する。

「荘子《そうし》と孟子《もうし》」と題した第四回は、荘子と孟子の特色を述べる前半と「平民主義の応用」と題する後半に大別される。荘子は社会外から社会を改正しようとしたのに対して、孔子は社会内より社会を改正しようという。孟子は孔子の「仁」の外に「義」という考えを創設した。痛快ではあるが、孔子の「大精神」には及ばない。後半は、連載第二回で主張した平民主義について、孟子でもその全貌を知りえていないと述べた後、平民主義とは、歴代の君主が無道である時に採用され、民衆を苦しみから救うことになる。それも、孔子の考えがなお浸透しているからだという。

「術を以《もっ》て道を害せず」と題した最終回は、「術を以て道を害せず」「教育家として」「政治家として」「長大息」の四点に分かれる。

さて、孔子ないし『論語』については、江戸時代に朱子学が官学であった関係上、どうしても道徳面が強調される解釈に陥《おちい》る。ここでもその影響がみられるが、その是非は問わない。

「孔夫子」の内容は以上だが、孔子の思想と象山との関連についての言及はない。

## 出版目的は大陸へ渡るため

『佐久間象山』は単行本として出版される前に、明治二十六(一八九三)年八月五日付の『北國新聞』創刊号にその第一回が掲載された。北國新聞は林の兄赤羽萬次郎がこの地に赴《おもむ》いて五年目に、在社した『北陸新報』と袖《そで》を分かって社長・主筆となって発行したものである。

しかし、佐久間象山の第二回以降は掲載されなかった。続きを期待する読者もいぶかっただろうが、約四カ月後の同紙に単行本『佐久間象山』の広告が載り、そこに付された著者の文章〈明治二十六年十一月二十八日付〉によって事情がようやく明らかになった。

掲載文の前半は、本の内容宣伝で、単行本の「緒言」にあるように、維新に活躍した平野國臣《くにおみ》や橋本左内《さない》、大久保利通より象山が勝り、木戸孝允《たかよし》と西郷隆盛は彼が及ばない性質を持つものの、経綸策《けいりんさく》では遥かに凌駕《りょうが》すると言い、次のように続く。

経綸一に曰《いわ》く開国論二に曰《いわ》く国防論三に曰《いわ》く公武合体論而《しか》して別に政体論あり大に気焔《きえん》を吐《は》く。蓋《けだ》し象山の事隠微《いんび》して明らかならず世人皆其盛名《せじんみなそのせいめい》を記《き》するも其性格事《そのせいかくじ》業《ぎょう》の詳《つぶさ》に至《いたり》ては則《すなわ》ち知らず或《あるい》は之《こ》れを開国論者と曰《い》ひ或《あるい》は之《こ》れを攘夷論者《じょういろんじゃ》と曰《い》ひ佐《さ》幕党《ばくとう》と曰《い》ひ勤皇党《きんのうとう》と曰《い》ふ終《つい》に其果《それはた》して如何《いか》の人たるを知らず著者深く之《これ》に慨《がい》あり多年材料を捜索して遂《つい》に此《この》一書を成《な》す。大方の諸君子《しょくんしこ》請ふ一本を購《こ》ふて此維新《このいしん》第一の人物が如何《いか》に其《その》一身を保《たも》ち国家を経緯《けいい》せんと欲《ほっ》したるかを知れ。

発行所　熊田活版所
予約申込所　林　政通
同　北國新聞社

その大意は、本書は象山の経綸策つまり国家を治める方法や、開国論、国防論、公武合体論、政体論つまり国家の政治形態などについてくわしく述べられた書物であり、これによって名前だけ知っている象山の考え方が把握できる。その結果、開国論者なのか攘夷《じょうい》論者なのか、佐幕《さばく》党なのか勤皇《きんのう》党なのかということも判明する。著者は長年材料を集めて来て、この本を完成させた。どうか、一冊購入してほしい。その結果、象山という人物を知り、彼がいかに国の事を考えていたかを理解できるだろう、というものである。

この次に、彼の書簡体の長い文章が続く。

謹　啓

小生《しょうせい》事《こと》夙《つと》に本邦《ほんぽう》山林事業の振《ふる》はざるを慨《がい》し之《こ》れを起《おこ》さんには材木輸出の計画を立つるに如《ごと》くなきを信《しん》じ乃《すなわ》ち朝鮮支那を経《へ》て印度《いんど》に赴《おもむ》き実地に就《つ》き材木輸出の調査を遂《と》げんと欲し種々準備の末、来二十七年一月を以《もっ》て程《てい》に上《のぼ》ることに取極《とりきわ》め候固《そうろうもと》より冒険的探検の事に候得《そうらえ》ば資斧《しきん》の多きを要せず且幸《かつさいわい》に愛知の豪商野口吉十郎氏公益の為《た》めに生《せい》の斯挙《しきょ》を賛助し旅資の多分を支給しくるる筈《はず》に候得《そうらえ》ば猶《なお》本書の収益を以《もっ》て其《その》不足の分を充《み》たさんと存候故《ぞんじそうろうゆえ》に生《せい》は諸君子《しょくんし》が必要以外に幾本を購求し以《もっ》て斯挙《しきょ》を賛成せられんことを希望仕候《つかまつり》去《さ》り乍《なが》ら本書は生《せい》が二三年前猶《なお》学窓に眠り居《おり》候頃《そうろうころ》より心掛け漸《ようや》く成就《じょうじゅ》したるものにて固《もと》より利益の目的を以《もっ》て著述したるものに無之且生《これなくかつせい》も亦《また》一個血性の男子敢《あえ》て膝《ひざ》を屈《くっ》して他に求めず但《ただし》国家の為《た》めには幾番の拝稽首《はいけいくび》を辞《じ》せざるものに御座候《ござそうろう》諸君子請《こ》ふ幸《さいわい》に焉《これ》を諒《りょう》とせられんことを。

（『北國新聞』明治二十六年十一月二十八日付）

すなわち、本文から次の諸点が明らかになる。

1　『佐久間象山』は二、三年前の学生時代から着稿していたもので、販売を目的としておらず、国家のためを思って執筆していた。

2　我が国の山林事業が振るわないことを知って、将来、山林事業に携わりたく、特に材木輸出事業を考慮したが、取りあえずは朝鮮支那を経てインドにまで調査に出かけたい。いろいろその準備を進めていたが、明年正月早々に出発することを決定した。

3　そのためには旅費が必要だ。愛知の野口吉十郎氏が理解を示されて旅費を負担して下さる約束だが、その不足を補うべく、本書の印税を充てたい。

山林事業に携わりたいという意志を持つ林は、野口の事務所に出入りするうちにその夢を野口に熱く語った。事業に対する計画を詳細に聴いた野口は、その情熱に大いに共感共鳴するところがあり、内容も材木商を営む自分と無縁ではないこともあって、資金援助を申し出たのだろう。

また、明治二十六年夏、野口は林の著書『佐久間象山』完成のために、自宅の部屋を開放して彼の便宜を図ったほどであった。

なお、著書『佐久間象山』刊行後の『北國新聞』の明治二十六年十二月二十四日付から三十一日付まで「佐久間象山に就きて」という題で七回にわたって連載されたほか、翌年二月八日付に「象山の少年」が掲載された。いずれも、単行本の一部であるが。

# 第三章　山林事業に目覚める

## 初めての外遊、清国へ

単行本に付した広告頁に「元吉を政文と改名する」と記し、名を新たにした林政文は、予定より一カ月ほど遅れの明治二十七（一八九四）年二月九日、清国へ念願の視察調査に出かけた。もちろん、目的は将来、山林事業に携わるための準備にあった。

渡航前の一月には長野へ戻り、家族との団らんを持った。何しろ、外国へ旅立つのであり、もしかしたら、二度と逢えないのではとの思いも頭をかすめたろう。その後、上京した彼を囲んで送別会が催された。一月二十四日、場所は神田の錦輝館。中村弥六をはじめ、黒川久馬《きゅうま》ら松本親睦会の仲間たち総勢三十四人が集まった。誰もが林の勇気を讃え、無事の帰国を口にした。

翌日、林は名古屋を経て神戸へ向かった。

乗船の西京丸は日本郵船所属で、明治二十一年より船客三百四十一名を運ぶ上海線の旅客船として活躍するが、林が乗船した七カ月後には、日清戦争開戦に伴って日本海軍に徴用され、巡洋艦代用に改造の上、出撃することになる。

神戸を西京丸が発ったのは二月九日で、まず長崎に向かった。

初めて航海を経験する林は、船上からの大小の島々を縫って進む光景を「穏波《おんぱ》は言ふもおろかや両方の大嶼小嶼《だいしょしょうしょ》、青松白砂《せいしょうはくさ》、漁家蜑《りょうかたん》村送り迎へ、迎へ送り、宛然《えんぜん》画図の如《ごと》き間《かん》を抹過《まっか》して馬関を経て長崎に入りし」（穏やかな波の中、船は大小の島を左右に見ながら海岸沿いの美しい光景の中を立ち並ぶ漁師の家々に送り迎えされて、それはあたかも絵画のようだが、その中をやり過ごして、馬関を過ぎて長崎に着いた）とつづっている。表現は類型的ながら、受けた新鮮な感情を伝えた。山国の長野に生まれ育った林にとって瀬戸内海はまさに新鮮な景色に見えたのだろう。初めて体験する船旅だったらなおさらである。

十一日に長崎を出港する時に林は、その日が紀元節であることを想い起こし、同時に福島中佐がシベリア旅行に向かってベルリンを出発した日でもある記憶をよみがえらせる。福島中佐とは、福島安正のことで、林より十六歳上の嘉永五（一八五二）年に同じ松本城北の、木下尚江の生家と目と鼻の先の場所で誕生した人物である。

福島は二十七歳で職業軍人となってから朝鮮や清国、インド、ドイツ等海外生活が長く、その情報収集力は高く評価されていた。特に、ベルリンへ赴任して帰国の折に単騎で約五百日を要して、ロシアからウラルを越えてシベリアを横断し、明治二十六年六月に無事日本へ戻ったことは、日本中の耳目を集めた。『松本親睦会雑誌』でもその情報は頻繁《ひんぱん》に掲載されて、林はその行動に常に刺激を受けていた。

郷里の偉大な先輩として帰国後多忙を極める福島と面会する機会を得て、その後もしばしば高説を聴いた。その結果、目標に向かう意志の強さを彼から教えられたに相違ないし、山林事業にかかわる決意を一層固めたと思われる。

到底彼にはかなわないが、「偶《たま》ま紀元節に福島中佐と発程《はってい》の日を同《おなじ》ふし、其《そ》の偶合《ぐうごう》の奇を喜ぶと同時に何等《なんら》か一種寂然《せきぜん》の情に堪《た》へざるものあり」との記述は、憧れのスターにあやかりたいというファンの心境を記したものとも受け止められよう。

西京丸は二月十三日には早くも上海へ着いた。ここでとりあえず、常盤舎に宿泊するが、その後、約一カ月間、宿を他に移したかどうかは不明である。三月初めまではここ上海に滞在している。

この間、何を見て、何を考えたかは『毎日新聞』(現在の毎日新聞とは関係ない。前

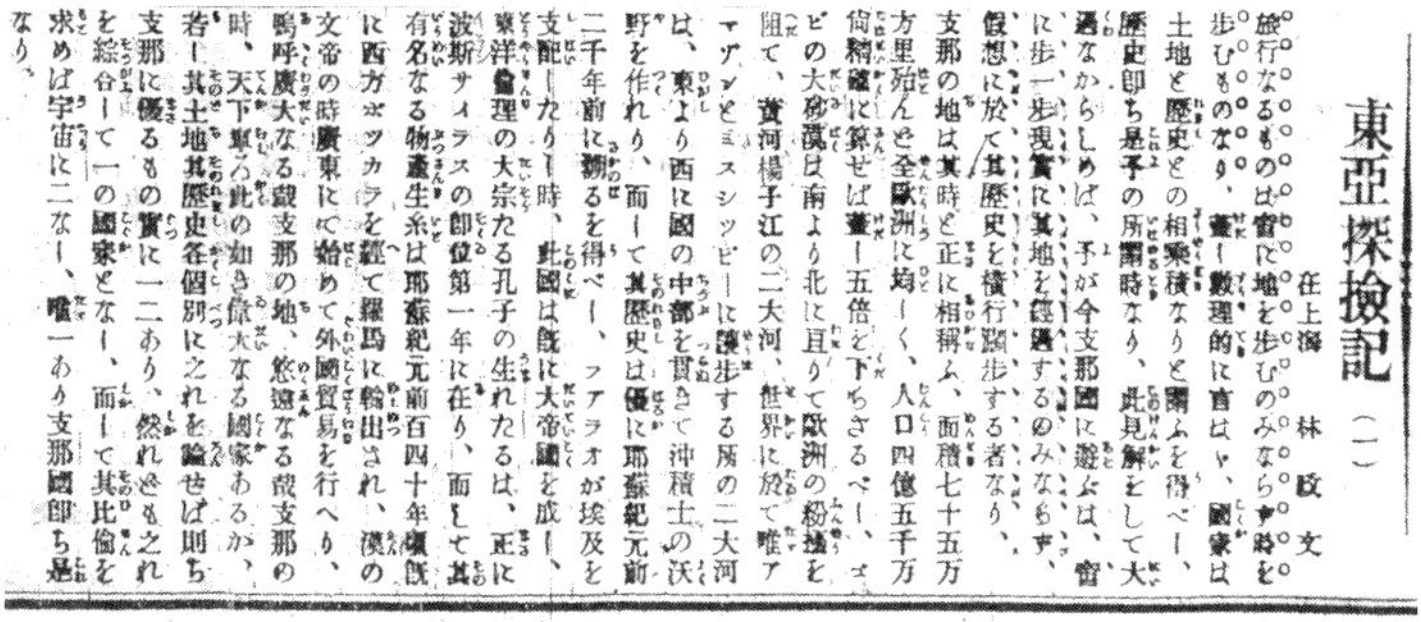
# 東亞探檢記（一）

在上海　林　政文

旅行なるものは當に地を歩むのみならず時を歩むものなり、蓋し數理的に言はゞ、國家は土地と歴史との相乘積なりと謂ふを得べし、歴史即ち是予の所謂時なり、此見解をして大過なからしめば、予が今支那國に遊ぶは、啻に歩一歩現實に其地を經過するのみならず、假想に於て其歴史を横行濶歩する者なり、支那の地は其時と正に相稱ふ、面積七十五万方里殆んど全歐洲に均しく、人口四億五千万倘精確に算せば蓋し五倍を下らざるべし、ゴビの大砂漠は南より北に亘りて歐洲の紛擾を阻て、黄河楊子江の二大河、世界に於て唯アマゾンとミスシッピーに讓歩する所の二大河は、東より西に國の中部を貫きて沖積土の沃野を作れり、而して其歴史は優に耶蘇紀元前二千年前に溯るを得べし、ファラオが埃及を支配したりし時、此國は既に大帝國を成し、東洋倫理の大宗たる孔子の生れたるは、正に波斯サイラスの即位第一年に在り、而して其有名なる物產生糸は耶蘇紀元前百四十年頃既に西方ボツカラを經て羅馬に輸出され、漢の文帝の時廣東に於て始めて外國貿易を行へり、嗚呼廣大なる哉支那の地、悠遠なる哉支那の時、天下寧ろ此の如き偉大なる國家あるか、若し其土地其歴史各個別に之れを論ぜば則ち支那に優るもの實に一二あり、然れども之れを綜合して一の國家となし、而して其比倫を求めば宇宙に二なし、唯一あり支那國即ち是なり。

『北國新聞』明治27年3月4日付に掲載された「東亞探検記」第1回の記事

身が東京横浜毎日新聞）に連載した「東亜探検記」（明治二十七年三月九～六月九日　全二十一回）に詳しい。この見聞記は社としても目玉になりうるものであった。『毎日新聞』に掲載したということは、そこで記者をしていた経験のある次兄赤羽萬次郎の紹介を得て出発前に同新聞社に入社したからである。なお、この一部は赤羽が社長を務める『北國新聞』にも掲載された。

連載第一回において、林は旅の目的を「歩一歩現実に其地を経過するのみならず、仮想に於《おい》て其歴史を横行濶歩《かっぽ》する」ためだと言い、それは、広大で悠遠な歴史を持つ国は世界でここだけだからである、必ずしも調査の結果報告ではなく、単なる日記体の見聞録だが、この探検が終了した時、あるいは東方問題や大帝国ともいうべきこの国に対して多少の断案を下すことが可能かもしれない、とも述べる。いささかの気負いが感じられるが、念願の外国旅行で大陸の土を初めて踏んだ者として当然だろう。

## 清国一の貿易港・上海

上海に到着した林は、まず港内の様子を観察し、紹介した。そして、ここが清国一の貿易港であるものの、港口が浅く、揚子江からの砂が年々堆積して浅洲を形成していることを指摘する。続けて、このほど各国領事と話がついて英国の優秀な技師が浚渫《しゅんせつ》測量をすることになり、もし、測量の結果、浚渫に成功すれば、ここは東洋第一の良港となるだろう、という。

また、倭寇《わこう》と上海の歴史を示す障壁を見た林は、倭寇の活躍の理非はさておいて、我が国の国権がそのように隆盛だった時を思い浮かべて現状を嘆《なげ》く。日本の外国貿易は内乱がわずかに定まった時に隆盛に向かうとするならば、維新の後、外国貿易が大いに興《おこ》って然《しか》るべきだ。しかし、維新後は福島事件や加波山《かばさん》事件、大阪事件など激化する自由民権運動の争い事に拘《こだわ》っていて外に向かっての積極事業は一つも成っていない。林は、そのような思考を経て、この障壁を見て悲憤《ひふん》、慨嘆《がいたん》してしまう。この主旨は『信濃殖産協会雑誌』でも述べられていた。

この後、上海の気候の特色を述べて、五十年になるここの租界に住む日本人約九百人の男女別を紹介し、営業する会社等を挙げて上海における今回の目的である一般の貿易、日清間の貿易について詳しく述べる。

まず、清国全般と上海との明治二十四（一八九一）年と二十五年の貿易額を示し、次に外国と我が国との貿易額の比較をし、上海が清国の半分かそれ以上を占めること、また、日本と清国貿易中の八分以上を上海が占めることを指摘している。

さらに、貿易から生じる利得を日本が順当に享受してない問題点があるという。

その問題点を林は次のように述べる。

第一に、日本商は外国貿易に対する資本が少なく、目前の小利に走って永遠の大計を思わない傾向があり、そのため、組織が小さく大資本の会社にはかなわない。

その点、支那商は違う。理論においても実際においても、当然、より輸出せざるをえない材木板類のようなものでもことごとく支那商の手によって、日本商の手を経るものは皆無と言わざるを得ない有様である。その値段も日本の方が安価なはずだが、支那商の買い出し値段の方が安い。運賃の安いことにもよるが、資本金が大きいことによる。

また、日本国内の製造品が国内の業者同士では価格を定めているが、支那商相手ではそれが守られていない。彼らは現金買いか、掛《かけ》でも日本商より短期間で決済するからである。

さらに、支那商は政府があてにならないので、同業者の連合鞏《きょう》固《こ》なことを誇りとし、しかも市価を左右できるほど情勢に対しては機敏である。

また、支那商の運賃が安価になるのは、日本商が英仏の郵船に託しているのに比して、日本郵船会社だけに委託しているからだ。それは輸出入に対しても同様である。しかも、日本郵船会社は他者に比して二割方高値なのに、どうしてか。それは、支那商は多数の荷物を、頻繁《ひんぱん》に依頼するから、割引になるためだ。

では、日本商は今後どのようにして貿易を拡大すべきなのか。その策はあるのか。偏《ひとえ》に、粗製乱造をやめて品質の向上を図ることにある。そのことは、従来から輸出をしてきた洋傘が一昨年から衰退してきたことでも知れる。

上海の居留日本人は日本人会と商友会という組織のどちらかに属している。これが互いに屹立《きつりつ》するために、引いては日本商が振るわない原因の一つになっている。さらに、外国の領事は商業にも詳しく調整に当たっているが、我が国のそれは不案内のようだ。在任期間が短いこともその理由に挙げられよう。

このように、全二十一回に及ぶ連載記事「東亜探検記」の前半は、上陸地である上海の港湾や気候、日本人の活躍ぶり、日本の現地会社と外国会社との比較、検討と続く。かなり内容が豊かで多様にわたっている。資料の引用も多数あるところから推すると、林は市内の機関をかなり走り回ってそれらを入手したのだろう。

## 日清貿易研究所

林は上海を発って次なる目的地・漢口へ向かう。到着したのは、三月四日であった。ここは清国南部の交通の要所で、新聞記者で事業家の岸田吟香《ぎんこう》（一八三三年生、洋画家・岸田劉生の父）が上海に設けた楽善堂の漢口支店がある。その責任者が宗方小太郎《むなかたこたろう》（一八六四年生）で、彼の元には特に日清貿易研究所の関係者を中心に出入りが激しかった。

異国で日本の匂いを嗅ぐことができるその場所を、林も早々に訪ねて行った。到着翌日のことである。宗方の日記に林の来訪が記してある。

その後、度々、宗方宅に出入りする間に、林は自然と気が合う仲間と出会った。日清貿易研究所譲りの思想を持つ彼らに共感を覚えた林は、彼らに慕われる宗方の人柄にも魅了されるようになる。

日清貿易研究所というのは、士官学校を終えた荒尾精《せい》（一八五九年生）が同校出身の根津一《ねづはじめ》（一八六〇年生）らと明治二十三（一八九〇）年九月、上海に設立した教育機関で、日清貿易を通して両国の経済提携を図り、合わせて西欧諸国の侵略に対抗する目的を持っていた。同研究所は、荒尾や根津とともに、宗方も重要な柱となっていた。宗方は後に海軍嘱託の職を得て清国の様々な情報を届けており、それなりの報酬も手にしていた。

しかし、日清貿易研究所は明治二十六年六月に初の卒業生を送り出したものの、経営難のために閉鎖されてしまった。

そのため、上海の楽善堂が漢口支店を開設してからは、ここを拠点として日清貿易研究所の関係者が中心となって、清国内の様子を探り、日本の陸軍へ情報を提供していた。同研究所関係者は、日清戦争開戦後は通訳として採用されており、戦争勝利の陰の功績者といえる。

そのうち、日清貿易研究所で学んだ、岡山出身の景山長治郎、甲田、福原林平（一八六八年生）とともに林は一軒家を借りて共同生活を送るようになった。景山、甲田の両名は商業活動のため、いつも出歩いていたが、福原はごろごろしているばかりだった。彼は、背が低く、腹が出ており、細く吊り上がった眼をしていた。

五月初めのこと。長野出身で、清の海港を全て視察する目的で旅行中の実業家・小林梅四郎（一八六二年生）が、ある男と一緒に林を訪ねて来た。男は小林の通訳役を兼ねて遊び歩いているという。男と上海で同居していたという友人の荒井図南《となん》に聞いたところ、彼も日清貿易研究所の出身で、その中で最も期待の星だという。名は楠内友次郎《くすうちともじろう》（一八六五年生）。広島出身で、穏健な態度、長身で、細長い首を持つ眉目秀麗《びもくしゅうれい》な男である。せっかく知り合ったが、小林が二日後に上海に向けて出発したので、同行した楠内ともそれっきりとなった。

林たちの共同生活は約二カ月であった。理由は、福原も商品販売と仕入れのために外出するようになったので、自然と同居が解消されたのである。福原と再会したのは数カ月後である。それは、後に林が漢口から北京へ向かったが、間もなく日清戦争開戦のため、また上海へ戻った折のことである。林は旧研究所の寄宿舎で福原と再会した。「互ひに手を執《と》らん計《ばかり》なりき彼問ひつ此《こ》れ答へつ互ひに衷情《ちゅうじょう》を話してしばらくは余念《よねん》もなし」という状態であった。

彼の求めに応じて夏の清国服を提供したお礼に、林は古シャツを二枚受け取った。しかし、ほどなくして、楠内、福原という二人の日本人が探偵容疑で仏祖界に拘束《こうそく》され、身柄を清国へ引き渡されたと知る。

その後、林は、二人が南京郊外で虐殺されたという悲惨な結末を知ることになった。「福原、楠内二氏の横死を吊す」（明治二十七年十月二十、二十一日付『毎日新聞』）を発表して悲憤慷慨《ひふんこうがい》の念を表わした。これは「天道の是非は必ずしも説かず抑《そもそも》世上悲惨の事尠《すくな》からず然《しか》れども日清開戦以来予《よ》をして哀れを感ぜしめたるは楠内、福原二氏が南京の総督衛門に於《おい》て虐殺せられたること是《これ》なり」と書き出されていて、林の万感の思いが込められた文章であった。国のために命をかけようとしたが、志半ばで逝《い》った彼らの無念さが全編を覆《おお》っている。

## 荒井図南と北京へ

五月二十二日。林は宗方宅を訪れるうち、知り合った荒井図南《となん》と一緒に北京に向けて旅立った。清国人の風体をし、わずかに宋の詩集、旅程図、鉛筆数本、毛布一枚、着替え一着、薬数種類、これらを風呂敷に包んで肩から背負う。旅費は、銀地金数枚と銅銭二串を二分して腰に巻き付けた。宗方らが見送ってくれた。

荒井図南（本名・甲子之助《こうしのすけ》　一八六五年生）は千葉県佐倉出身で、明治二十一（一八八八）年、単独で清に渡って各地を転々とした。後に『図南遺稿』が史料として残る。林が現地で約一カ月を要して北京へ辿《たど》り着くことができたのは、諸事情を知り尽くし、言葉にも不自由しない荒井の存在が大きかった。

荒井は、五尺四寸（約百六十二センチ）ほどの林より上背があり、しかも頭髪も長く、顎髭《あごひげ》がぼうぼうで、見るからに容貌魁偉《ようぼうかいい》という印象を与えた。一方、林の方は優男《やさおとこ》という印象を与える。好対照の弥次喜多は道中、どんなことを語り合い、時には議論したのだろうか。

荒井は明治三十四年二月に、三十七歳で猩紅熱《しょうこうねつ》のため亡くなるが、日清貿易研究所の出身である白岩龍平《しろいわりゅうへい》（一八七〇年生）と大東汽船、湖南汽船の設立に尽力した。共に、日清両国の文化あるいは経済等の提携によって、西欧諸国に対抗するという考え方で共通していた。当然、そのような内容の話が、林に向かって熱っぽい口調で語られたに違いない。

もし、その考え方に林が共鳴したとしたら、後に林がフィリピン独立運動にかかわるようになる遠因の一つとも考えられる。

「東亜探検記」後半の十回以降は、三月から五月まで漢口に滞在して調査、観察、考察したことが記されている。一方、荒井と旅したこの間の見聞は、その後の「東亜探検記・北征録」（明治二十七年八月二～二十八日『毎日新聞』『北國新聞』）に記されている。

まず前者について。

これは揚子江及び沿岸諸港の紹介、特に漢口と重慶について述べる。さらに、上海で述べた日本商の振わない理由の追加に釐金《りんきん》税という地方税の一種の通行税が課せられることを指摘する。これが価格の上乗せになるという。天津条約によって英国人は免税申請をして非課税となったが、我が国はその手続きをしていなかった。

漢口に住む日本人は十八人で、うち商売をするものは七人。いずれも上海よりの支店である。しかし、ここでは上海のような西洋の例に従う商売慣行は通用せずに平《ぴん》と兌《とい》という純銀を量る秤を重視した独特の慣習によらねばならず、慣れないために常に損を被る。

重慶は、工事中の鉄道が完成すれば周辺や奥地の産物を集約して大きく発展するだろうし、漢口もその地理的条件を生かして、さらに面目を新たにする。英国人は先を見越して四川雲南の地へ足を踏み入れようとしている。

鋼鉄や石炭は清国でも産出するが、年々質が向上している。そのうち、漢口の直接輸入物である我国の九州炭は不必要となり、ロシアが製茶所で使う九州炭も不必要な時が来るかもしれない。李鴻章《りこうしょう》と並ぶ清の指導者・張之洞《ちょうしどう》の外品拒絶主義がその時期を早める可能性もある。

その張が武昌に建てたのが従業員二千人を要する敷布局である。紡綿と織布を生産する。

明治十七年頃から日本の足踏綿繰器械が清国へ輸出され、大いに普及したが、さらに生糸坐繰器械が発案されて輸出されようとしている。果して、細緻より粗大を、品質をよくするより数量を多くすることを好む国民が受け入れるかどうか、疑問だと現地の日本商人は言うが、売り込みは雑貨よりも容易なはずである。

住居はじめ道路他の環境は、路上の放尿勝手次第ということもあり、極めて悪い。歩行中も異臭のために嘔吐《おうと》の感さえ起こす。清国の人は体格がよく、子供たちの人数が多いことに気づかされる。日本と違い、親戚内の婚姻は避け、親戚外の者と結婚する。その年齢は、生活程度が中以上の者は二十歳前後だが、中以下では三十歳前後になる。その理由は、娶《めと》るというより、女を売るという考えが強く、ために娶ろうとする者は相手が望む金額を準備しなければならないからだ。

概して、男尊女卑の国と言われるが、表面的にそうであってもいろいろ観察してみると、逆に女が尊くて、男が卑しい国のようだ。また、男女の区別が厳格と言える。

森林事業については、林のもっとも関心を寄せる問題であり、記述も詳しい。

清国の森林事業は日本人の最も注目すべきものである。木材僅少《きんしょう》の地方に輸出して国家の経済を利することができるとは多くの森林学者の一致するところだ。しかし越えるべき課題は多い。どれほど森林が荒廃しているか、木材がどれほど僅少なのか、どんな地方に如何《いか》なる材木が必要なのか、我国からの輸出はいかなる方法を用いれば、運搬の費用が節約できるか、売買の習慣はどうなのか、等々。

これらの課題が明らかに解決しないうちは、木材輸出で全利を挙げることはできない。過去に板類は天津や上海で売り捌《さば》かれたものの、木材が輸出されたことはなかった。それは、日本の森林事業が極めて奇妙な景状をしているからだ。そのために材木の価格が他の物品に比べて低く、植え付けの費用を償《つぐな》うのにも、伐採の費用にも足りないからだ。だから、一旦、輸出の門戸を開けてその価格が幾分高くなるようになったら日本の森林事業は振起する。何事も利を以て導かれるからである。

いずれ、先の諸課題について幾分の実地踏査が必要だが、今は漢口周辺の材木について記す。上海は輸入があるものの、漢口では川を利用して山から切られた物がほとんどで、たいていは杉檜《すぎひのき》が多く、中には松柏《まつかしわ》が混じる。長さは五間（約九メートル）以上のものがあるが、太さは根元で径尺に過ぎない。

この辺の家屋は大概丸太作りで、角材を用いることは少ない。尺以下の材は日本と同価か、もしくは安価で、尺以上は、並外れて高価である。机や椅子などの小材によって作られたものは、遥かに安い。要するに、漢口近辺は材木の供給を外国より仰《あお》がなくとも自国の所産で十分ということである。なお、柳で作った船があり、燃料は薪材や木炭を用いず、多くは煤炭《ばいたん》（石炭のこと）を使用し、竹林が多いので、木の代わりに竹を用いることが多い。

このように、全編にわたって林の冷静な観察眼が感じられる。よく調査された資料を提示して客観性を保ち、かなり精力的に動き回ったことがうかがわれるリポートである。その際、使用した資料は、何を、どのような方法で閲覧したのかは未詳だ。

## 徒歩で四百里、四十一日

次に、「東亜探検記・北征録」の内容を紹介する。その都度、書きためたのではなく、漢口を出発して北京に到着した時点での執筆だから、その全道程を見知った者の立場での考えがにじみ出たものである。その切り口は次のようである。

予《よ》が如何《いか》に漢口を見、如何に北京を見、如何に中間の沿道地方を見るかを告白すれば足《た》れり、即《すなわ》ち予《よ》は漢口を未来の首都と認め、中間の地方即《すなわ》ち河南帯を中源の中源と認む、而《しか》して北京の首都たるは固《もと》より予《よ》の言を待たず。経《へ》る所《ところ》湖北河南直隷《ちょくれい》三省、黄河を阻《へだ》て、南々北々各其里程《かくそのりてい》を同《おなじ》ふす（以下略）。

（明治二十七年八月二日付）

ここには、黄河中流地域を文明文化の中心とする考え方とは異なる、揚子江流域を重視する考えが提示されている。さらに、清国との戦争開始後、林は、戦争を長引かせるために清は、漢口に宮廷を移すはずだとも発言する（「漢口（即武昌）論」明治二十七年十月十八日付）。

二人は、まず、漢口から四里（約十六キロメートル）余り離れた尤河へ向かった。さらに、そこから次の聶口まで六里ある。第一日目はここまでで、翌二日目は聶口から達義舗まで九里を歩いた。朝六時前に出発し、夕方五時まで努めて休憩を少なくした結果であった。日記に、このように記した。

本日は田畝《たあぜ》に耕作する多くの労働者を見たり収麦《しゅうばく》に挿秧《そうおう》の雨時季《うじき》なるを以《もっ》てなり而《しか》して労働者は男多くして女少し挿秧《そうおう》に従事するものは悉《ことごと》く男子にして盛に挿秧《そうおう》の歌を歌ふ本邦《ほんぽう》と異るなし調《しらべ》は我角力《わがすもう》取節《とりのふし》に似《に》て稍悲壮《ややひそう》なり女子は多く麦を刈取りたる後の鋤転《じょてん》に従ひ立つものあり椅子に倚《よ》るあり皆一小鍬《みないちこくわ》を執《と》りて巧《たく》みに労作す。

（同年八月二十五日付）

——今日はたんぼを耕作する沢山の男女を見た。雨季だからだ。麦を刈ったあとの田植えの光景である。女は少なく男がほとんどで、田植え唄を歌いながらの作業は日本と同じだ。その調べは日本の相撲甚句《じんく》と似ていて、やや悲哀感がある。

この後、日本と比較した服装については、男子のそれが非常に粗末で襤褸《ぼろ》切れに近いものを纏《まと》っているのに対して、女子は洗濯がきいた、どの肌も露出しない見事なものだというのである。先の、この国では男卑女尊だとの指摘が想起される。

麦の茎と実とを叩き分ける器械を図入りで紹介したこともある（同年八月二十八日

付）。

　これらを読むと、木材に関する事業を起こすという本来の意志を底に秘めつつ、強大な国・清の現状をしっかり観察しようとの意図がうかがわれる。新聞掲載時は既に日清戦争が開始されていたが、戦時状況を生々しく伝える記事ではないものの、先の「東亜探検記」と同様に、清国の現状を伝えるものであり、一般読者の清国への認識を深める役目を果たした。

　しかし、戦争が開始されて、ひと月になろうという頃、どうしても戦争記事が優先され、「東亜探検記・北征録」の掲載は中途で打ち切られた。

　しかし、林は「北清内地事情（実見談）」（明治二十七年十月四〜十六日　全七回）において漢口到着から北京を去るまでのおよそ五カ月間に見聞したことを報告、考察している。その内容は、「東亜探検記・北征録」とは異なって、よりテーマが大きい命題に関するものである。例えば、揚子江以北の地を「北進」と限定したうえで、その人柄や地理、気候、道路、動植物、宗教、衣食住等々について述べている。

　これらは、サブタイトルの「実見談」が示すように、清との戦争中であれば敵の情報を得るという点で読者のニーズはあったと思われる。戦争報告の合間に掲載することが許可されたのだろう。

ともあれ、二人はようやく七月五日、北京に到着した。漢口よりおよそ四百里。日数四十一日の徒歩中心の長旅であった。

無事北京に到着した林だったが、ゆっくりと市内を見学する暇もなく、まもなく、ここを去らねばならなかった。というのも、日清両国間に戦争が始まったからである。

宣戦布告は八月一日。日本はそれ以前に銃撃戦を開始していた。その辺の事情を林は「北京特報」と題して寄稿している（七月六日執筆　七月二十日付掲載）。

宣戦布告の結果、北京の在留邦人は急遽《きゅうきょ》帰国すべく北京公使館に集まり、八月一日、臨時代理公使・小村寿太郎以下五十五人前後の日本人が朝陽門より通州をめざした。八月三日、天津府第一船橋場に到着し、通州号にて上海へ向かった。ここから一行と別行動をとった林の約一カ月の具体的な生活内容は不明である。

ただ、漢口で親しかった福原林平と再会したことは先に述べた。そのことから、多少は土地勘があるこの地で、いろいろと観察や調査をしたのだろう。

結局、彼は上海を九月五日に出港して十一日に神戸へ着き、直ちに東京へ向かった。『毎日新聞』社へ顔を出し、報告を真っ先にしたはずである。のちに林は清と戦争になった日本軍の従軍記者となるが、帰国したばかりのこの時は第二軍の結成がまだ決まらない時期だったので、この訪問の際には林に従軍の話はなかったと考えられる。彼が肉親の住む長野へ帰ったのは九月二十六日であった。

北京到着後の政文

# 第四章　日清戦争従軍

林が日本へ戻ったこの間にも、日清戦争の動きは活発さを増す。参謀本部に設置されていた大本営は宮中から広島へ移され、天皇も九月十五日に同地に到着した。

戦争への予兆は明治二十七（一八九四）年六月、すでに朝鮮に対する支配権をめぐって日清とも朝鮮に向けて兵を送った辺りからあった。むろん、これは、天津条約の締結（明治十八年）に基づいたものである。

日本は、六月九日に宇品《うじな》から大島義昌《おおしまよしまさ》第九旅団長を頭《かしら》として編成された混成旅団の先発隊が出港し、十二日には仁川に到着し、すぐさま上陸した。第二次輸送部隊も二十七日に仁川に着いて上陸。漢城（現・ソウル）とその周辺に合わせて約八千人が駐屯した。七月十九日、混成旅団に、牙山《アサン》の清軍を撃破せよとの指令が発せられ、海軍に対しては、清国艦隊等を破砕《はさい》せよとの指令が出された。

こうして、常備艦隊と西海艦隊とによる連合艦隊は、七月二十五日に豊島沖の海戦で清国の北洋艦隊と砲撃戦の末、初戦を飾ることになった。しかし、混成第九旅団の方は朝鮮王宮占領のために、やや遅れて、成歓の戦いを制し、牙山を占領できたのは七月二十九日である。

八月二日、前日の日付を持つ宣戦詔書が交付され、参謀本部内に大本営が設置され、戦争の基本方針が決定された。最初は短期戦を決めていたものの、まもなく長期戦へと変更があり、越年の戦争となる。

八月十四日、第五師団と第三師団を合わせて第一軍を編成した一方で、先発の混成第九旅団以外の第五師団が釜山と元山から陸路、漢城をめざして出発した。第三師団も八月末に出発し、その増強した兵力で北進を続けて九月十六日には平壌を占領した。この結果、朝鮮から清国の勢力を消すという当初の目的の一つは達成された。

さらには、九月十七日、連合艦隊が黄海で清国の北洋艦隊と砲撃戦を交えて勝利した。いわゆる黄海海戦である。これによって日本は東シナ海域の制海権を掌握することができた。

九月二十一日には、遼東半島の旅順を占領すべく第一師団と第二師団と混成第十二旅団（第六師団所属）から成る第二軍が編成され、大山巌が指揮にあたった。この第二軍は黄海海戦の後だったので、海上輸送を効果的に活用できた。

このような六月末から十月初旬までの戦況を林はむろん、耳にしていた。先に見たように、漢口を五月に出発して北京に着いたのが七月五日で、その後も三十一日まで滞在していたので、この間、ほぼ一カ月は現地の情報を得る機会があった。

例えば、北京到着翌日に執筆して、七月二十日付『毎日新聞』に掲載された「北京特報」は李鴻章《りこうしょう》をめぐる動向に詳しい。これによると、李鴻章は五月九日、天津を出て北洋艦隊の検閲に向かい、その最中に朝鮮東学党のことを電報で知り、彼自身は二十五日に天津へ戻ったものの、最も堅牢な軍艦二艘は二千人の兵と共にその場から朝鮮に向かわせた。

当初、東学党の鎮圧にはそれで充分だと考えたものの、日本軍が予想を超える多数の兵を上陸させたので驚愕《きょうがく》し、憤激《ふんげき》した。対抗してさらに増兵しようと試みたが、皇太后の万寿祭を控える宮廷はそれを渋った。

これらは、日時に多少のずれはあるものの、かなり正確に情報を得ていると思われる。記述は続いて、北京と天津市内は市民生活や商取引等に格段異常は見られず、今回の騒乱の影響はないようだという。

## 従軍記者となる

残念ながら、林の現況を伝える文章はそんなに多くない。先にも触れたように、八月に掲載されたものは「東亜探検記」と称する北京の地誌的内容に限られるし、十月掲載の「北清内地事情」も同様である。

第二軍結成発表の約二十日後、『毎日新聞』は従軍記者追加の発表の社告を出した。そこに林の名前があった。彼は次のように紹介された。

> 久しく辮髪《べんぱつ》変装北清内地を探歴《たんれき》して其《その》事情に通暁《つうぎょう》せる者《もの》此際《このさい》氏《し》の実験と周到《しゅうとう》なる観察力とは其《その》従軍記をして縦横現《あら》はるゝ所《ところ》潜める所を精写せしめて毫《ごう》も遺憾《いかん》なからん氏亦《また》既に征旅《せいりょ》に上《のぼ》れり其《その》義州方面の従軍記と相対して満紙《まんし》光彩《こうさい》陸離《りくり》たるもの亦《また》近きに在《あ》るべし。

『毎日新聞』の熱心な読者なら、馴染みの名前であり、親しんだ旅行記である。それをさらに楽しみに待つ者も多かったことだろう。

開戦と共に各新聞社は、現地に記者を派遣した。その数は全国六十六社から百十四名、他に画工が十一名、写真師四名である。最も多く派遣したのが『朝日新聞』と『国民新聞』で、それぞれ各二十名を超えた（『日本戦争外史　従軍記者』昭和四十年刊）。

現在と異なって情報伝達手段が限定される当時、現地からの情報はたとえ、週遅れ十日遅れであっても、国民にとっては貴重なものであった。ただ、現地の状況がリアルに記者のペンや画工の筆によって完全に国民に伝えられるかというと、必ずしもそうではなかった。

というのも、報道の取り締まりがやかましい上に、新聞の検閲が厳格に行われ、現地の参謀が記事に手を入れ、さらに大本営が削除することもあったからである。前もって草稿を提出しなければならない上、それを守らない場合、発行人、編集人、著作者、印刷人などは禁固や罰金が科せられた（「緊急勅令第百三十四号」明治二十七年八月一日付）。「新聞記者従軍規則」にも従わなければならなかった。

国民が知らされる情報は、そういう二重三重の検閲の網をくぐったものである。場合によっては、その情報の操作によって世論が形成されることもありえた。むしろ、当局は都合の良いようにその操作によって世論を形成したというべきだろう。

林が所属する『毎日新聞』は、開戦前に柵瀬軍之佐《さくらいぐんのすけ》（一八六九年生）を天津に派遣していて、開戦当初は肥塚龍《こいづかりゅう》（一八四八年生）一人だけの派遣だったが、林とともに柵瀬、関美太郎、権藤震二《ごんどうしんじ》（一八七二年生）らを増員した。

林は当初、第二軍海軍付きの通信員として派遣され、薩摩丸に乗船したが、のち変更して陸軍の大山巌司令官の一行に加わることとなった。

この頃、従軍記者として派遣されるには、まず「旅券願」「従軍記章下附願」を出す必要がある。前者は外務大臣に、後者は陸軍大臣にそれぞれ宛てて、姓名、生年月日、本籍地、職業、目的等を記して提出する。

林の場合、旅券が発行されたのは十月五日であった。同時に従軍記章も発行された。ちなみに、彼の「従軍免許之証」発行は第三十三号であった。また、薩摩丸乗船の折も許可証を必要とした。

林が花園口に上陸したのは十月二十六日である。以後、林政文という署名記事（時に

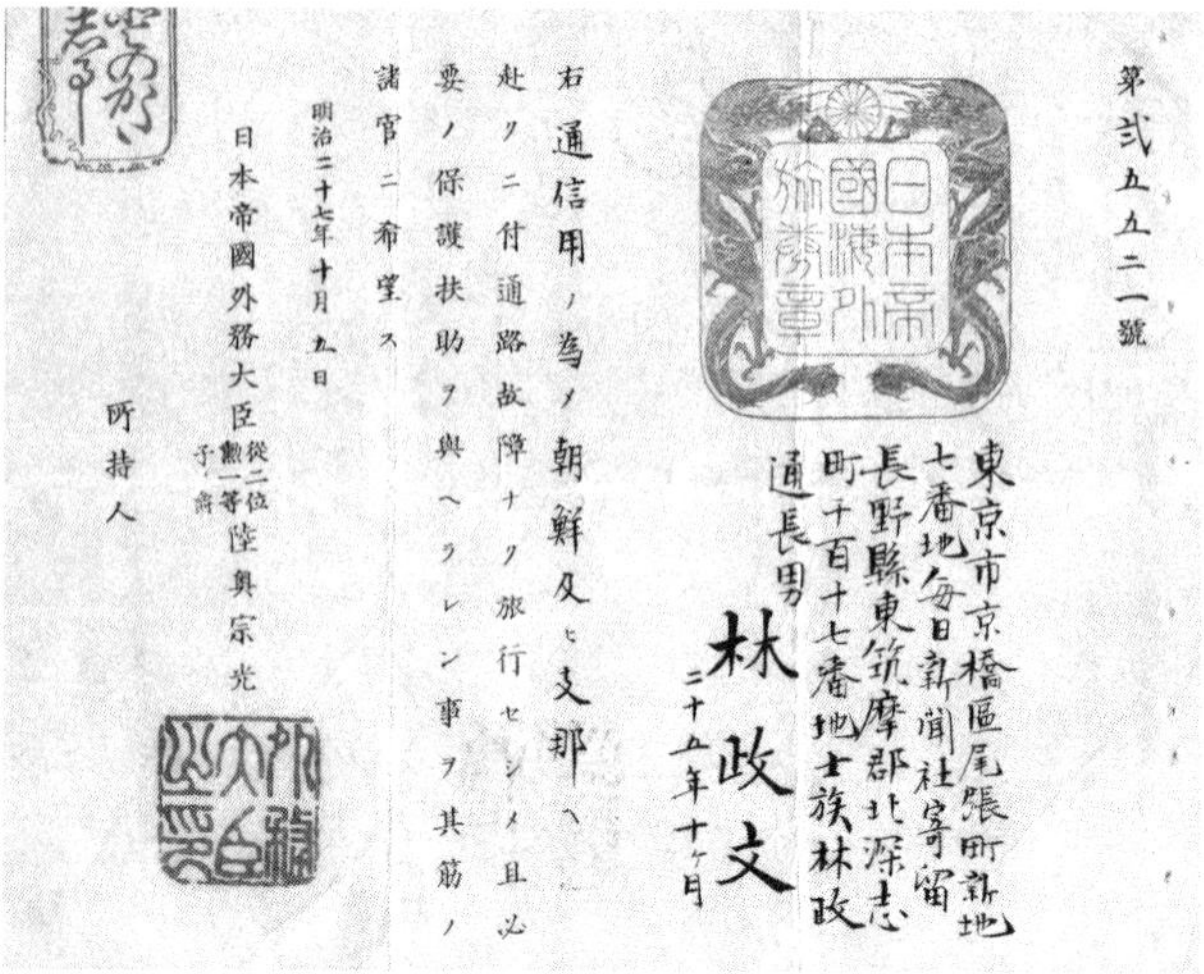

第弐五五二一號

東京市京橋區尾張町新地
七番地毎日新聞社寄留
長野縣東筑摩郡北深志
町千百十七番地士族林政
通長男
林政文
二十五年十ヶ月

右通信用ノ為メ朝鮮及ヒ支那へ
赴クニ付通路故障ナク旅行セシメ且必
要ノ保護扶助ヲ與ヘラレン事ヲ其筋ノ
諸官ニ希望ス

明治二十七年十月五日

日本帝國外務大臣従二位勲一等子爵陸奥宗光

所持人

明治 27 年 10 月 5 日付で交付されたパスポート。
外務大臣 陸奥宗光の名前がある

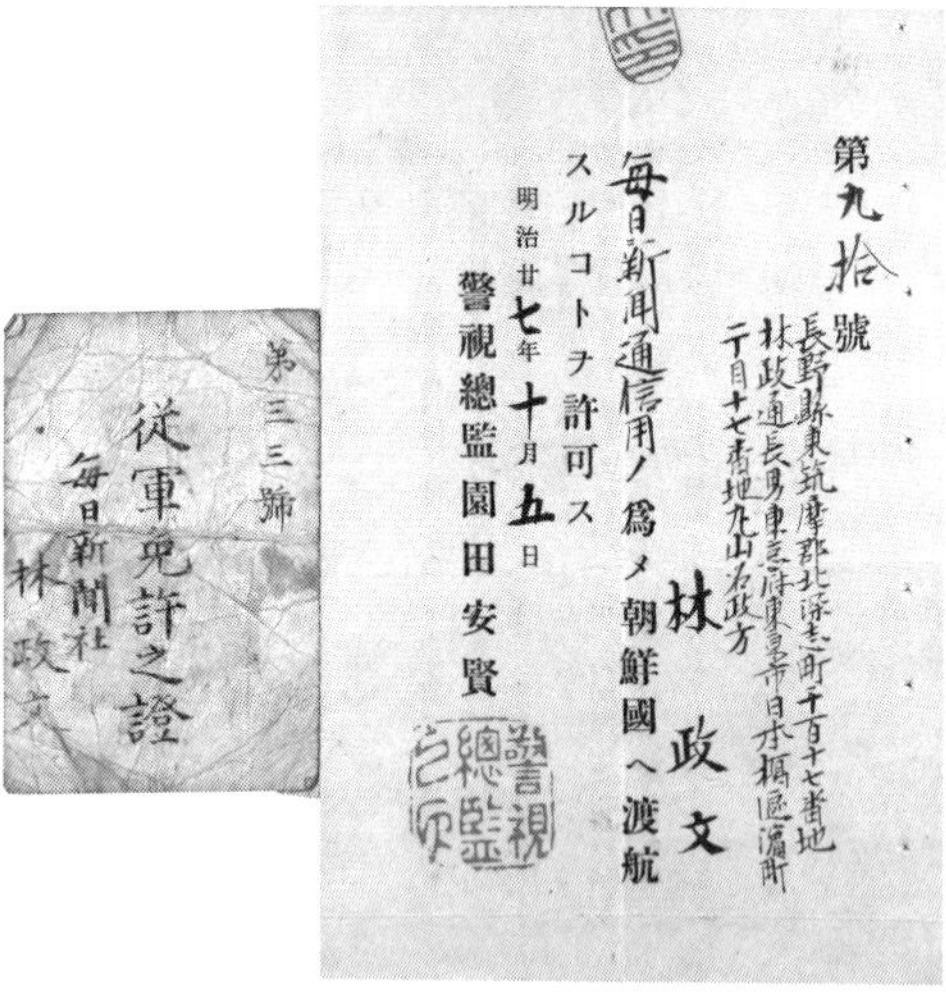

第九拾號
長野縣東筑摩郡北深志町千百十七番地
林政通長男東京府東京市日本橋區濱町
二丁目十七番地丸山名政方
林政文
毎日新聞通信用ノ為メ朝鮮國へ渡航
スルコトヲ許可ス
明治廿七年十月五日
警視總監園田安賢

第三三號
従軍免許之證
毎日新聞社
林政文

林政文の従軍免許之證

は桜所生《おうしょせい》の筆名）が掲載されることになる。

林の戦況を伝える文章を見る前に、第二軍参戦後の戦争の経過をおおよそ確認しておく。

前にも触れたように、平壌や黄海での勝利と前後して、広島に大本営が置かれ、天皇も幕僚とともに同地に移った。

戦地では、平壌を占領した後、野津第五師団長は一部を北進させ、第三師団の到着を待った。九月二十五日に現地に到着した山県有朋《やまがたありとも》第一軍司令官の命令により第一軍は北進し、九月二十一日に新たに組織された第二軍の遼東半島到着を待って援護、支援することになった。

第一軍は、北上して義州を占領し、鴨緑江河岸に迫って対岸の九連城の清国軍と対した。十月二十五日、第一軍は鴨緑江を渡って虎山から九連城を占領して、さらに、司令部の意向とは無関係に、桂第三師団長や立見第十旅団長、野津第五師団長、大島第九旅団長等は各自の判断で進撃を続け、十二月十三日には海城を占領した。さらに、より内陸部に進出するために翌年二月に第三師団が牛荘を、三月に第一師団が営口を、第一、第三、第五の三個師団で田庄台を次々と攻略した。いずれも経験のない寒さや敵の抵抗と戦いながらの結果である。

一方、第二軍は、第二師団を除く先発隊が十月二十四日から三十一日の間に花園口に上陸してさらに進軍、十一月六日に金州口を占領し、大連湾の諸砲台も攻略した。十一月二十二日、旅順を占領。しかし、この際に、翌日にわたる掃討活動において捕虜と民間人を殺害した。いわゆる旅順虐殺事件である。

十二月九日、大本営は威海衛作戦を決定し、翌二十八年一月、それに基づき第二師団と第六師団とが山東半島の栄城湾に集結して陸揚、威海衛攻撃に移った。二月になると連合艦隊が砲撃を開始し、北洋艦隊の装甲艦を撃沈した。

二月末、大本営は台湾西方の澎湖諸島占領を命じたが、台湾割譲の既成事実を作るためのもので、三月二十五日に占領に成功する。一方、大本営は、三月には直隷《ちょくれい》作戦（直隷平野での決戦）に踏み切った。その計画は、七個師団と後備部隊の三分の一を大陸に輸送する予定だった。一部は着々と大連湾に到着し、第二軍も集結した。しかし、三月二十日には清国との第一回講和会議が行われ、三十日には休戦条約が調印された。続いて四月十七日に、日清講和条約が下関で調印されたために直隷作戦も停止となった。しかしながら、近衛師団は台湾へ向かい、五月二十九日に上陸、その後、抗日義勇軍の抵抗を受けつつ、内部侵攻して台南にはようやく十月末に到着した。

## 初の記事を送る

林より二歳下で、後に自然主義文学の代表作家となる国木田独歩《くにきだどっぽ》（一八七一年生）も同じく第二軍の従軍記者として派遣されていた。その記事は彼の死後『愛弟通信《あいていつうしん》』（明治四十一年刊）として出版された。彼は軍艦千代田に乗り込んでいたから、陸軍の林のものと補完しあう。以後、当該書によって折に触れて引用しながら言及したい。

さらに、林と同時期に出征した片柳鯉之助《かたやなぎこいのすけ》という人物の「遠征日誌」（大浜徹也編『近代民衆の記録』八　昭和五十三年刊）が残っているので、これも「片柳文」として適宜引用しながら紹介する。片柳は現東京都青梅市の御師《おし》（下級の神職）であり、林より三歳年上。明治二十七（一八九四）年八月三十一日に第一師団野戦砲兵第一連隊の弾薬大隊第二砲兵縦列の第二小隊長として赴《おもむ》いた二等軍曹であった。

ところで、記事の送稿はどのような方法でなされたのか。記事は一刻も早く内地に送る必要があるため、続き物の従軍記を溜めておいて郵送便に託して送る、自らあるいは伝手《つて》を頼って広島などに引き返して、そこから郵送をした。もちろん、電報を頼りにもできるが、費用がかさむ。いずれにせよ、運が良ければ二、三日後に、遅い場合は半月後に掲載の運びとなる。

従軍記者は常に戦場では兵隊の後に従うため、命の危険に晒《さら》されることは割と少ない。しかし、事の次第によっては危ない目に合うこともある。ある事件が林の身に降りかかった。

それは、金州が陥落した翌日の十一月七日であった。林が『時事新報』記者の堀井卯之助とともに市街見学の折、捕虜を護送する一行と出会い、護卒《ごそつ》（看護兵）と雑談する隙《すき》を突いた捕虜が林の腰刀をいきなり、抜き去った。それをみた高橋上等卒が直《ただ》ちに飛びかかったが、捕虜と上や下の組んず解《ほぐ》れつの状態になり、堀井が所持する短銃で捕虜めがけて発砲した。しかし、捕虜には命中しない。他の護卒が発砲した弾が捕虜に命中して事切れたものの、高橋上等卒は刀による右手の傷のほか、流れ弾を受けて負傷した。

実は、林が所持する腰刀は護身用であり、堀井が発砲した短銃は、林が内地で友人の内藤久寛から借用したものを、武器を携帯していない堀井に貸与したものであった。林は複雑な思いを抱いた。

ここで注意するべきは、林が護身用として短銃と腰刀を所持していることである。護卒が所持するのは当然としても、民間から募集した軍夫も当初は武器を所持していたのだ（後に禁止された）。非戦闘員である従軍記者の武器携帯は明らかに違反である。

この出来事の直後の十一月十二日、現地発の記事で、林は「軍司令部にては民心を安んぜんが為《ため》に本日より軍夫、馬丁、駅夫等軍人軍属以外のもの、武器を帯《たい》ぶるを禁じ厳重に憲兵を以《もっ》て取締ることとなりたり」と述べている。ただし、たとえ帯出を禁じられても身を守るためにはひそかに隠し持つことは可能であったろう。

「十月二十七日発」と記した、林の初の従軍記事は次のように始まった。内容は花園口に上陸して、

従軍記事　十月二十七日發
特派員 林 政文

軍機は緊密を要す第二軍の向ふ所未だ知るべからず大山彌助將軍を總大將とし山川獨眼龍を其侍大將とし士卒は名におふ坂東武者、井上參謀、西旅團長なんど孰れ劣らぬ剛の者を載せたる我軍艦及商船は終に何地に上陸するらむ在國の人固より知るを得じ出師の者亦窺ひ難し既にして過る十月二十二日我第一師團を載せたる船舶の大同江口を拔錨したるを始めとし同廿五日第二軍司令部の一行は全軍を提げて同じく大同江口を發せり廿六日午前一時半船は俄然として洋中に投錨せり四顧暗黑何の見る處なし既にして海風曉霧を拂ひ淸暉雲濤に湧く西のかた二三里を距て分明に一帶の陸地を認め得たり謂ふ是れ○○港なりと

我軍○○○に上陸す

○○とは何地ぞ盛京省内裏長山列島に面する一小港にして大孤山港より金州へ通ずる街道を去る南のかた二里許、其街道の一驛たる○○○を距る西南三里許の處に在り○○○より此街道を經て○○に至る距は○○○、○○○○○○○○○○○、

軍司令部に先ちて發したる一師團の面々は二十四日午前○○○に上陸し廿五日金州街道を望みて去れり

全軍を提げたる軍司令部は二十六

初の従軍記事　明治 27 年 11 月 9 日『毎日新聞』

軍機《ぐんき》は緊密を要す第二軍の向ふ所《ところ》未《いま》だ知るべからず大山弥助将軍を総大将とし山川独眼竜を其《その》侍大将とし士卒は名におふ坂東《ばんどう》武者、井上参謀、西旅団長なんど孰《いず》れ劣《おと》らぬ剛《ごう》の者を載せたる我軍艦及《および》商船は終《つい》に何地《いずち》に上陸するらむ在国の人固《もと》より知るを得《え》じ出師《しゅっし》の者亦窺《またうかが》ひ難《がた》し既《すで》にして過《すぐ》る十月二十二日我第一師団を載せたる船舶の大同江口を抜錨《ばつびょう》したるを始めとし同廿五日第二軍司令部の一行は全軍を提げて同じく大同江口を発せり廿六日午前一時半船は俄然《がぜん》として洋中に投錨《とうびょう》せり四顧《しこ》暗黒《あんこく》何の見る処《ところ》なし既にして海風《かいふう》暁《ぎょう》霧《む》を払《はら》ひ清暉《せいき》雲濤《うんとう》に湧《わ》く西のかた二三里を距《へだ》て分明《ぶんみょう》に一帯の陸地を認め得たり謂《い》ふ是《こ》れ○○港なりと

我軍○○○に上陸す
○○○とは何地《いずち》ぞ盛京省内裏長山列島に面する一小港にして大孤山港より金州へ通ずる街道を去《さ》る南のかた二里許《ばかり》、其街道の一駅たる○○○を距《へだた》る西南三里許《ばかり》の處《ところ》に在り○○○より此街道を経て○○に至る正に○○○○、○○○○○○○○○、軍司令部に先ちて発したる一師団の面々は二十四日午前○○○に上陸し廿五日金州街道を望《のぞ》みて去れり。

（以下略）

この文章は、いささか戯作調の書き出しの二、三行を除いては、虚飾を避けて時系列に事実を伝えようとする姿勢に貫かれている。文中の伏字箇所「○○○」は軍の検閲を受けたもので、機密上明らかにすることが叶《かな》わない情報である。記事には、さらに次のような箇所もある。

我軍隊の多くは玉蜀黍《とうもろこし》の茎《くき》を以《もっ》て小屋を作り其《その》内に眠れり而《しか》して予《よ》等新聞記者は土

民の空屋に就《つ》きて舎営せり昼間は頗《すこぶ》る暖和にして我東京の気候と大差なきも夜間の著しく寒冷を感《かん》ず然《しか》れども臭虫《しゅうちゅう》の襲来することなく高粱蓆上《こうりゃんせきじょう》の安眠も亦一快《またいっかい》なり。

（十一月九日付）

——我隊の多くはトウモロコシの茎で作った小屋の中で睡眠をとるが、自分たち新聞記者は現地住民の空き家を見つけて利用している。日中は非常に暖かくて東京の気候と大差ないが、夜になると、非常に寒い。しかし、臭い虫も襲ってこないので、コーリャンで作った蓆《むしろ》でよく眠れる。

これから待ち受ける不自由な食生活や住環境を予測してか、「亦一快《またいっかい》」と感想を述べるなど微笑ましい記述ではある。これ以後、兵卒は敵地での生活を送るうち、特に「臭虫」や皮膚を刺す虫、さらには、味わった事がない異臭に悩まされることになる。もっとも、彼は、漢口から北京への旅で多少は経験済みであったが。「片柳文」では、花園口に上陸した時に、地元民は逃走して不在なので、牛豚鶏等を捕まえて海水で炊いて食べたとある。

なお、海軍従軍の国木田独歩《くにきだどっぽ》は、艦内の下士官病室を睡眠と仕事のために与えられていた。軍艦千代田は将校といえども全員が個室を貸与されるわけでなく、少尉では一人だけ、他の十数名は釣床だった。入浴は毎日可能で、陸軍とは雲泥の差であった。

十一月六日、第二師団によって金州が陥落《かんらく》する。林は「金州攻撃」（十一月二十五日付）によって三日から六日までの日本軍の行動を逐一《ちくいち》伝える。さらに、「新占領地金州雑報」（十一月二十一日付）「征清従軍記」（十一月二十五日付）「金州攻撃細聞」（十一月二十七日付）「金州攻撃細聞二」（十一月二十八日付）等においても、次々と情報を伝えた。

「金州攻撃」は、復州街道沿いに金州に向かう本隊の様子を、敵の出方に細心の注意を払いながら進む状況を述べる。中でも、北門から侵入しようとして、工兵が地雷を仕掛けてあるのを事前に察知して難なきを得た逸話も紹介する。

「征清従軍記」は、詳細な金州城の二図を掲載したものだが、片柳は「日誌　十一月八日付」で「城郭頗ル堅固《じょうかくすこぶるけんご》ニシテ一ノ都会ナリ。城壁ハ煉瓦石《れんがせき》ニシテ高サ三間半位、厚二間半、方形ニシテ四方ニ門アリ。門上ニ楼《ろう》アリ。壁上ニ大砲アリ、且《かつ》壁上自在ニ砲ヲ運転スルヲ得。廓内《かくない》ハ四民ノ家屋ニシテ、其数、凡《およそ》二千、城ノ一方凡《およそ》千五百米《メートル》突、海岸ヲ隔《へだた》ル凡《およそ》一里弱、各所死屍《しし》数多《あまた》アリ」と、城壁の高さや幅、形状、材質、城内の様子などを数字を加えて具体的に述べるので理解しやすい。

第二軍はこの後、大連湾へと進軍し、連合艦隊と協力して同湾を占領する。さらに、遼東半島の重要地である旅順も十一月二十二日に陥落した。

林は当然これらの戦況と、戦いの後に生じた諸問題を観察した結果等も詳細な情報として紙面で伝えた。「旅順口攻撃戦報」（明治二十七年十二月一日付号外）「旅順戦闘余聞」（十二月十六〜十八日付）「戦闘余報」（十二月二十日付）「旅順口戦利品」（十二月二十三日付）「征清従軍記」（十二月二十九日付）「鎮魂祭記」（同上月日付）「旅順兵站《へいたん》病院を訪ふ」（二十八年一月一日付）等々である。

「旅順口攻撃戦報」は、「十一月二十二日（旅順口発）」の記載があり、「十一月二十一日天下分目の合戦は我方の勝利に帰し二十二日全く旅順を占領せり」と、興奮冷めやらぬうちに筆を執ったと思われる。

作戦計画や軍隊区分、行進区分、十八日の小戦、十九日及二十日の小戦、二十一日の大戦争、攻撃目標、第二師団の攻撃目標の各小見出しのもとに記述を展開した。さらに、これと前後してより詳しく戦況を伝える号外が先に表裏二頁で発行された。いずれも詳細な記事のため両方合わせた内容に接した読者はあたかも戦地にいるような錯覚に陥るほどであった。

「戦闘余報」は「旅順口戦闘区域詳図」を添えていて、「旅順口攻撃戦報」と合わせて読むことにより読者は戦場の臨場感をいっそう味わうことができる。

「征清従軍記」は、風邪をひいた林が病中にあって、軍の衣食住や徴発した家畜、野菜、粟稗《あわひえ》等にふれ、酒店について述べたものである。例えば、近頃、福島中佐の指導によって本部より防寒服が馬卒から将官にいたるまで支給された。これはなかなかのもので、兵卒の中には将官と同じものを支給されて恐れ入る、有り難いと感謝していると紹介する。また、広島出発時に四足分を用意した靴下が既に破れてしまい、売っている店もなく素足で靴を履《は》いていると、自分の体験を語ってもいる。酒店もすぐに売り切れてしまうという。

三食の献立は、飯と汁以外には、朝は、らっきょう、梅干、昼は、かんぴょうと干しエビの煮付け、または凍豆腐《こおりどうふ》と凍りこんにゃくの煮付け、夜は、昼飯と同様の副食のありさまで、東京の下等下宿と内容が似ていて、これでは健全な体躯は養えないともいう。

ちなみに、陸軍では一九三〇年代（昭和五〜十四年）までコメが主食であるという規定があり、海軍ではパンまたは米飯麦飯の混用が明治二十三（一八九〇）年から昭和二十（一九四五）年の敗戦まで続いた。副食は鳥獣肉類や塩肉類干し肉類何匁《もんめ》、野菜類何匁《もんめ》、漬物梅干類何匁《もんめ》と「細則」によって定められていた（原田敬一『国民軍の神話』平成十三年刊）。

なお、林は後に「軍糧改良の必要」（明治二十八年五月十日付『毎日新聞』）という一文で提言する。それは、米食は軍糧に不適当なので、パンとか他の物に変更すべきだと主張したものである。米食が不適当な理由として第一に荷造りに困難である。第二に炊飯に面倒である。第三に腐敗しやすい。第四に重量が多い。以上を挙げるのだが、この提言は受け入れられることはなかった。

「旅順兵站《へいたん》病院を訪ふ」についてもふれる。

これは、郊外にある同病院を紹介した文で、病院の平面図を添え、入院患者の状況や施設内の様子等を詳しく報告している。もともと、この建物は清国の北洋医院を利用したもので、そのせいか、開院後も清国人の患者もやってきた。彼らに対して医師たちは差別なく手厚い治療を施しているという。

林は、そういう実態を、「嗚呼《ああ》吾人《ごじん》同胞の博愛なる、戦余繁劇怱忙《せんよはんげきそうぼう》の間《かん》、治病は猶《なお》敵国の人民に及《およ》び、丁寧に診察し、其不潔物《そのふけつぶつ》に親接して毫《ごう》も怪《あやし》まず、敵人たるもの如何《いか》に之《これ》に対して報恩《ほうおん》を図るべきか、去月の今日、土城子に於《おい》て敵人の為《な》したる虐殺《ぎゃくさつ》を思ひ起し、覚《おぼ》へず感涙《かんるい》を催《もよお》したり」と述べて、日本人の博愛主義を賛美している。文中、「土城子に於て敵人の為したる虐殺」とは探偵の嫌疑をかけられた日本人二人が虐殺されたことをさすのだろう。

林は、この病院における医療スタッフの敵味方を超えた医療行為を人間として当然のことと考えている。それに対して敵の報恩を期待するのだが、それどころか、日本兵の屍《しかばね》に対して殺傷行為をするとは何事かと怒りを露《あら》わにする。

しかし、このような考えは妥当か、どうか。前述した国木田独歩が、艦を降りて饅頭山の海岸に上陸した時に、戦争の犠牲になった死体を初めて見た感想を記している。

見たるうち一人は海岸近き荒野に倒れ居たり。鼻下《びか》に格好なる髭《ひげ》を蓄《たくわ》へ、年齢三十四五、鼻高く眉《まゆ》濃く、体躯長大、一見人《いっけん》をして偉丈夫《いじょうぶ》なる哉《かな》と言はしむ。天を仰《あお》いで仆《たおれ》る、両足を突き伸ばし、一手を直角に曲げ一手を体側《たいそく》に置き、腹部を露《あら》はし、眼半ば開く。吾《わ》れ之《こ》れを正視し、凝視し、而《しか》して、憫然《びんぜん》として四顧《しこ》したり。凍雲漠々《とううんばくばく》、荒野茫々《こうやぼうぼう》、天も地も陸も海も、俯仰《ふぎょう》願望する處《ところ》として惨憺《さんたん》の色ならざるなし。

顔貌《がんぼう》や身長について述べ、手足の格好にふれるなど死体の様子を実によく観察して描写している。さすが作家というべきであろう。続いて、それを見た肝心の彼の心境が述べられる。

『戦』といふ文字、此の怪《あや》しげなる、恐ろしげなる、生臭き文字、人間を咀《そ》ふ魔物の如《ごと》き文字、千歳万国の歴史を蛇《へび》の如《ごと》く横断し、蛇《へび》の如《ごと》く動く文字、此の不思議なる文字は、今の今まで吾《われ》に在《あ》りて只《た》だ一個聞きなれ、言ひ慣れ、読み慣れたる死文字に過《す》ぎざりしが、此《こ》の死体を見るに及びて、忽然《こつぜん》として生ける、意味ある文字となり、一種口にも言ひ難《がた》き秘密を吾《われ》に私語《ささや》きはじめぬ。然《しか》り、吾《わ》れ実《じつ》に此《こ》の如《ごと》く感じたり。

ここには、従来「戦」という文字は自分にとって聞きなれたり、耳慣れたりした程度に過ぎなかったが、今、戦いの犠牲者たる死体を目の前にすると、生きた、意味ある文字に変化してしまったという。当然、国木田独歩はその先に「戦」の持つ意味、平和の意味、人間の意味等々形而上《けいじじょう》的な命題を追いかけることになるだろう。実際に、その後の独歩がどのような思考をたどったかはこの際、問わない。むしろ、博愛に対しては報恩が必要だという林の思考では、形而上的な命題へは進まないだろうということを指摘したいだけである。新聞記者と文学者との差異と言ってしまえば、それまでだが。

# 肥塚龍《こいづかりゅう》に手紙を託す

この旅順攻撃後、林は兄の赤羽が出している『北國新聞』に宛てて私信を送っている（明治二十七年十二月十二日付）。興味深いものなので紹介する。

極《きわ》めて無事《ぶじ》御安意《ごあんい》被下度候《くだされたくそうろう》、昨日広三郎（赤羽氏甥）訪ねくれ共に午後四時間許《ばかり》味噌にて酒を飲み候《そうろう》、広も異状なし、今回の旅順攻撃には第一師団の椅子山攻撃に加はり頻《しき》りに砲撃致し候《そうろう》連中に御座候《ござそうろう》、戦況はすさまじく実に心魂飛揚《しんこんひよう》面白き目を見候《そうろう》、同業者は一昨過半《かはん》帰国致候得共《いたしそうらえども》、生《せい》は予《かね》て支那滞在の心掛に候得《そうらえ》ば、軍と共に冬籠りの心得に御座候《ござそうろう》、生《せい》の分捕品も極めて多し、頃日行李《けいじつこうり》に致し差上《さしあげ》可申候《もうすべくそうろう》、猶申上度事《なおもうしあげたきこと》山々有之候得共《これありそうらえども》、忙しきま、申残し候《もうしのこしそうろう》、本日肥塚龍《こいづかりゅう》君帰国致され候《そうろう》に付《つき》、此状相托《このじょうあいたく》し差上候《さしあげそうろう》、かしこ

政文

――私は極めて無事なのでご安心ください。昨日、兄赤羽萬次郎の甥の広三郎が訪ねてきたので、午後四時間ばかり味噌を肴に酒を飲んだ。広も元気だ。今回の旅順攻撃では第一師団の椅子山攻撃に加わって頻りに砲撃をした連中である。その戦況はすさまじいもので、身も心も実に浮き浮きして面白かった。同業者は二日ほど前帰国したが、私は以前この支那に滞在した時の心構えでいるから軍と共にここで冬ごもりの積りだ。私の分捕り品も沢山ある。そのうち荷物にして差上げるつもりでいる。なお、申し上げたいことがいろいろあるけれども、多忙につきこのままでおく。本日肥塚龍君が帰国するので、この手紙を托して差上げる。

戦場で身内に偶然出会ったことの奇縁を記した文章であり、同時に何点かの興味深い情報を伝える。まず今回の戦況について、椅子山攻撃を目の当たりにした体験を身も心も舞い上がるほど面白いものだったと感想をいう。次に、従軍記者の過半数が帰国したとある。まさかその二十日後に日本軍が海城を攻撃するとは彼らは予測できず、越年覚悟の戦いになると見通した行動だろう。しかし、林は、開戦前から中国国内を旅行していたこともあり、この際、なお留《とど》まってこの地を観察するという意志を持っていると述べ、分捕り品は行李《こうり》に詰めて送るという。

一種の略奪に属するこの行為を軍人ならともかく、従軍記者である彼もしているのだろうか。ひょっとしたら、親しい軍人から貰《もら》ったのかも知れない。果してその中身はこの文からは不明だが、わざわざ送るというからには、日本では入手しがたい珍品だったと推測される。

手紙を託した肥塚龍《こいづかりゅう》とは、前述したように『毎日新聞』が開戦して初めて派遣した記者で、当時、東京市会議員と衆議院議員を兼務していた珍しい経歴を持ち、明治三十一（一八九八）年には東京市長兼東京府知事にもなっている。

旅順の戦いでは、捕虜にすべき敵兵や民間人等の虐殺行為がなされたと、当時から国際的にも問題視されていた。このことについて林は一切触れていない。恐らく書いたとしても検閲で削除されたに相違ない。

片柳の「日誌」に次のような記述がある。

此日《このひ》旅順ノ市街及《および》付近ヲ見ルニ、敵兵ノ死体極《きわ》メテ多ク、毎戸必ズ三四以上アリ。道路海岸至《いた》ル所屍《しかばね》ヲ以《もっ》テ埋ム。其状鈍筆《どんぴつ》ノ能《よ》ク及《およ》フ所ニアラズ。（十一月二十五日付）
本日大雨ナルニモ不掲《かかげず》、人夫悉《ことごとく》皆ヲ出《だ》シ、旅順口敵兵死屍《しし》ノ埋葬《まいそう》ヲナス。（十一月二十七日付）

ここの描写は、民間人か女、子供、老人かの区別はないものの、屍《しかばね》が各家に必ず三、四人以上を見るというのは、どう見ても兵士だけでないと考えるべきである。

また、第一師団歩兵第十五連隊第三隊所属の窪田仲蔵上等兵はその「征清従軍日記」に、惨殺された日本兵を目撃したので、その報復を考えたと記し、また、そのような仕打ちを受けた日本兵のために清国兵は切り殺すべしとの上官の命令さえ出た事実も伝えている。

他にも、仲間が虐待された日本兵の遺体を見て、報復を考えたことを聞いたり（森部静夫少尉）、上官よりの虐殺の命令を聞いたり（関根房次郎上等兵、小川幸三郎等）した事例が認められる（大谷正『日清戦争』平成二十六年刊）。

こうして見ると、この頃、政府が国際社会にいくら弁明したとしても、旅順虐殺は事実と判断したほうが妥当で、現地に居合わせた林がそれを伝えることができなかったのは、彼も戦時報道の規制内に止まらざるを得なかったことを示す。

## 黒田清輝と出会う

旅順占領後に第一軍の第三師団が遼東半島の付け根に近い析木城や海城を占領するなど日本軍は攻撃を続けていたが、第二軍の大山司令官は、清国の反撃に対処すべく旅順陥落後直《ただ》ちに援軍を金州へ向かわせた。

林も、それに従って十二月二十六日に金州へ移動した。同地には翌年二月九日まで滞在する。林は、まず大連湾の柳樹屯に着き、そこから十二キロメートルほどを歩く。しかし、強風と寒さのために歩行は難儀する。「予《よ》は日本の中にて尤《もっと》も山深しと称する信濃に生まれたるが為《た》め、さまで寒気を畏《おそ》ろしと思はず、遼東の寒さも亦《また》我故郷の如《ごと》くなるべしと想像したるに、今日全く持説の誤《あやま》れるを知り、更に幾層の寒さを加うるものなることを信ぜり」。大陸で経験する寒さは、林だけでなく、他の日本兵も同様に等しく経験したものであり、悩まされた。信州出身ゆえに寒さには自信があったものの、認識が甘かったと告白している。

金州では、新聞記者の宿舎は一カ所に決められていたので、林はそこに向かう。大半の記者は帰国していて、残っていたのはわずかに『大阪朝日』の天野皎《あまのこう》と『読売』の越智修吉《おちしゅうきち》、『福陵新報』の奈良崎八郎だけで、他には画家の黒田清輝《せいき》と山本芳翠《ほうすい》のみが残留していた。折しも、軍の忘年会だという。

彼も誘われて軍司令部の広場に向かうと、ちょうど宴たけなわで、将校たちも酩酊《めいてい》している。相撲などの余興もあり、束《つか》の間の楽しいひと時を過ごす（「載筆帰金州」明治二十八年一月十日付）。

国木田独歩も忘年会の様子を目撃し、記録を残している。

それは、神戸丸を会場として他艦からも将校クラスが招待されて、にぎにぎしきものであった。周囲も天井も全て布に覆《おお》われ、煙草の煙が蓬々《ほうほう》として舞う中、長短の剣を腰に下げた軍人や全艦隊の新聞記者七名、大連湾兵站《へいたん》部の将校ら、およそ四百余名がデッキを埋め尽くしていた。

　二列の食卓の上を牛肉や豚肉、鶏肉、握り飯、するめ、ビール、日本酒等々が飾り、各自が立食を楽しむ。そのうち、二十名ほどの楽隊員がそれぞれに仮装して演奏をしながら会場に入ってくると、一同、万歳を唱える。鶍鶍《ようよう》長剣を抜いて舞い始める陸軍将校も出て来た。生死の境にいる人間たちの束《つか》の間の享楽《きょうらく》と、独歩は感じたのだろう。

　林より三歳上の黒田清輝は、明治二十六年七月に約十年間の留学を終えて仏蘭西《フランス》から帰国し、新傾向の西洋画を我が国に広めるべく、のちの白馬会につながる天真道場という私塾を翌年二十七年十月に開設したばかりであった。しかし、その翌月、フランスの週刊新聞『ル・モンド・イリストレ』と契約して従軍画家として赴くことになる。十二月一日に門司を出港し、四日に大連湾に入り、夕方には金州に着いた。その後、林を迎えることになる。

　林と黒田は歳が近いせいもあってか、すぐさま知り合い、打ち解ける仲となった。黒田は日記をつけていた。それをもとに以下、林との交際を見てみよう。

二十七年十二月二十八日
昨日より仲間が一人増えた　其人ハ東京《(ママ)》毎日新聞の林政文氏也
二十八年一月二日
今朝林政文君ト戦死者ノ墓ヲ弔《とむら》ヒ其墓所の図ヲ写す　又今日軍司令部及行政庁等の図ヲ作ル　二枚ハ林君ノ為一枚ハ奈良崎氏ノ為也
同年一月七日
金州繁昌の図ヲ描き始む　其画の為め夜一時半迄《まで》起て居た
同年一月八日
昨日かき懸《かけ》た画をかいて仕舞ヒ林君ニ渡ス　毎日新聞へ送る為也
同年一月九日
林君と散歩せし折長郷《ながさと》氏ニ出逢フ
同年一月十二日
午後林君同道ニ連隊本部の吉田少尉ヲ訪ひ先日写したる氏ノ肖像ヲ与《あた》へて又別ニ肖像ヲ写し帰る

同年一月十三日
午後山本、林の二人と南門の外から西門の方迄《まで》散歩ス　一度帰りて後画ヲかく覚悟で道具を持て又三人連で今度西門より出てぶら付《つく》　これこそと云位置を見当たらずして北門より帰る
同年一月十五日
今朝林君と市ニ出て其序《ついで》ニ郵便局ニ立寄りたる
同年一月十六日
松方氏が此処《ここ》ニ来ルと林が帰つて来て知らしたから直《すぐ》司令部　行政庁ニ行て見たが逢フ事が不出来《できず》して帰ル

林と黒田の交際は約四十日ぐらいだが、日記の内容はその親しい交遊ぶりが克明に述べられていることを示す。親しさが増すと、いつの間にか林君から林へ、名前も呼び捨てになっている。

これをみても、林と黒田は、時には他社の記者たちも交えて周辺によく出かけている。

黒田はこの日記とは別に、折に触れては筆を執ったスケッチを「写生帖」に多数残している。契約先への義務でもあるが、実に気軽に注文や依頼に応じていることが日記にも見てとれる。中には、日本兵が突撃する様子を描いた貴重な、カラーのスケッチが見られるし、林を描いた肖像画もある。

なお、文中に山本という名前が出ているが、これは山本芳翠《ほうすい》（一八五〇年生）という従軍画家を指す。彼はいち早くパリに留学していたが、そのあとでやってきた黒田の才能を見抜いて、黒田を法律家志望から画家へと転向させるきっかけを作った。

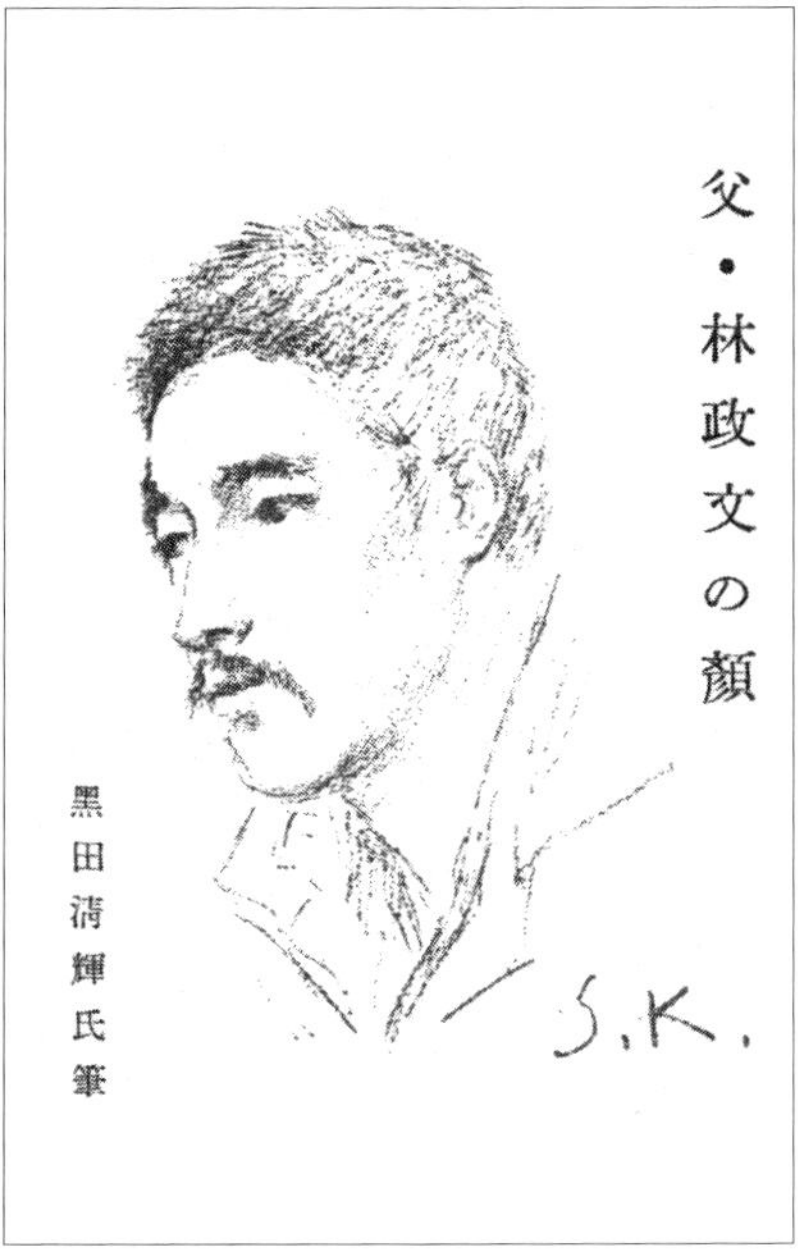

黒田清輝筆「政文」（林政武『緑地帯』より）

日記の一月七日の条《くだり》に「金州繁昌の図」を描くとあるが、林と街中を散策しながら目についたものをスケッチしていたようで、今日、「金州城内新聞記者及画師の宿舎内の図」「金州城内」など多くのペン画や鉛筆画が遺されている。

例えば、城内の市場を写したものは中国人の商人や将兵、町人などが品定めをしたり、銭を数えたり、その姿態を巧みにとらえている。広場のなかに臼《うす》を置いてこれを驢馬《ろば》にひかせて、高粱《こうりゃん》ほかの雑穀の粉末を作る様子や、貴重な陶磁器の甕《かめ》や壺《つぼ》などの破損したものを接合によって修理する光景は珍しく、林や黒田等は熱心に見つめていた。

さらに、日本のどてらのような服装は上下の別がなく、一見身分の上下の区別がつかない。また、辮髪《べんぱつ》という独自の髪型もある。

黒田は威海衛まで林らと行動を共にし、その後、帰国した。二月十六日に下関に着いた。帰国後まもない三月には審査員を命じられていた第四回内国勧業博覧会の会場がある京都へ向かう。余談だが、出品作の留学中の作品「朝妝《ちょうしょう》」は、裸体画であったために、国内にやかましい議論を巻き起こし、以後、裸体画をめぐる規制と抵抗の戦いが開始される。小泉八雲が「旅日記」（『心』所収）で述べる感想もその一つである。

明けて明治二十八年元旦、「新占領地の新年」（一月十三日付）は力の籠《こも》った一文であった。
まず、林は、維新後の西郷隆盛の征韓論に発する西南の役や加波山《かばさん》事件や大阪事件、福島事件、飯田事件等が全て失敗に終わり、「有為《ゆうい》の士が皆黄土に化朽して斗筲《とそう》（度量の小さい）の輩だけが世間にのさばっている」。そのためここ五十年間の「我国の対外事業に就《つい》ては全く絶望的意見を持し居れり」という。この辺の主張はかつて発表した「東亜探検記」のそれと酷似《こくじ》する。そして、次のように続ける。

思はざりき第二十七年七月二十五日、海洋島の轟沈《ごうちん》を始めとして、皇国の大軍海を蔽《おお》ふて遼東に航《こう》し、以《もっ》て清国の非礼《ひれい》を問《とわ》はむとは、皇国の武威是《これ》より大《おおい》に世界に輝くべし、諸般の対外事業は是《これ》より大《おおい》に発達すべし、日本島の日本は今や世界の日本たらんとす、而《しか》して世界の日本の紀元は実に当《まさ》に其《その》第一年を今年に取らざるべからず、嗚呼《ああ》明治二十八年は最も記憶すべき新年なり、而《しか》して此《この》記憶すべき新年を新占領地に於《おい》て迎《むか》へたるは、予《よ》等の尤《もっと》も光栄とする所にして、軍人軍属は言ふを待たず、馬丁車夫《ばていしゃふ》の末役《すえやく》に至《いた》るまで、苟《いやしく》も従軍の斑《はん》に列するもの、誰か東向再拝《とうこうさいはい》して特に大《おおい》

に本年の新正を賀《が》せざるものあらんや（以下略）

——去る二十七年七月二十五日、戦いが開始されて海洋島周辺における敵艦の轟沈を始めとして我国の大軍が海を蔽うように遼東半島にまで及び、清国が無礼を働くなどと誰が想像したろうか。皇国の武威は今後大いに世界に輝き、あらゆる対外事業は益々発展するだろう。日本島だけの日本は今や世界の日本であろうとする。かくして世界の日本の紀元は正にその第一年を今年にするべきである。ああ、明治二十八年は最も記憶すべき新年である。そしてこの記憶すべき新年を新占領地において迎えたというのは、我々の最も光栄とするところであり、軍人軍属はむろん馬丁車夫の下っ端に至るまでいやしくも従軍しているもの全ては東に向かって繰り返して拝むべきではないか。

林は、この戦いこそは今まで果たせなかった、日本の海外進出の夢実現の第一歩といえう。まさに明治二十八年は最も記憶すべき新年で、これから日本は世界の日本として羽ばたく。その記憶すべき新年を占領地で迎えることができたことを無上の幸福だともいう。

文の続きは、より現実的になる。つまり、新年にあたってなすべき第一は、何か。それは祝いの酒を飲むことでなく、餅を焼いて仲間と食べることでもない。今回の戦いの犠牲になった者の墓を詣でることでなければならぬという。

このような林の新年を迎えた決意を片柳の日誌の「元旦」と並べてみると、その差は歴然とする。

此日《このひ》天気晴朗《せいろう》ニシテ微風《びふう》ナク初日殊《こと》ニ長閑《ちょうかん》ナリ。午前八時拝賀式《はいがしき》ヲ行フ。占領地各営舎ハ毎戸《まいど》国旗ヲ掲《かか》ケ、門松ヲ立テ、或《あるい》ハ注連縄《しめなわ》ヲ張リ、其《その》光景宛然《えんぜん》日本ト異《ことな》ル所《ところ》ナク、自《みずか》ラ千里ノ異域《いいき》ニアルノ念《ねん》ヲ断《た》タシメタリ。新年作一首。

あら玉の年もろともに唐土《もろこし》の国もけふよりあらたまるらん

――この日は天気が良く風もなく初日はことにのんびりと落ち着いている。午前八時に拝賀式を実施する。占領地において各営舎は戸別に国旗を掲げ門松を立て、あるいは注連縄を張っている。その光景はまるで日本内地と異なるところなく、自分が千里もの遠い異郷にいる気持ちを忘れさせる。新年の作品。

新しい年と共にこの中国もきょうからあたらしくなることよ

この片柳の新年を迎えての感慨こそ、ごく普通の人の思いであろう。むしろ、林のそれが問題意識を十分に持つことを示す異例のものだった。たとえ、新聞の購読者を意識したポーズが若干加わっていたとしても。

林は金州城の東門を出て、六町（約七百メートル）ばかり距《へだ》てた墓に向かう。墓地は南北二十間（約三十六メートル）、東西三十間（約五十四メートル）の広さを持ち、周囲に土手を築き、土手の上には小松を植え、外に小濠《しょうごう》を掘り、中央に「招魂の碑」と記した木標を建て、その後面と前面に合わせて四十九の墓をおく。墓標の周囲は石や木、花など様々である。

林は同行の黒田と言葉を交わす。「別離の際にそそぐ涙とここで衣服を濡らす涙と何

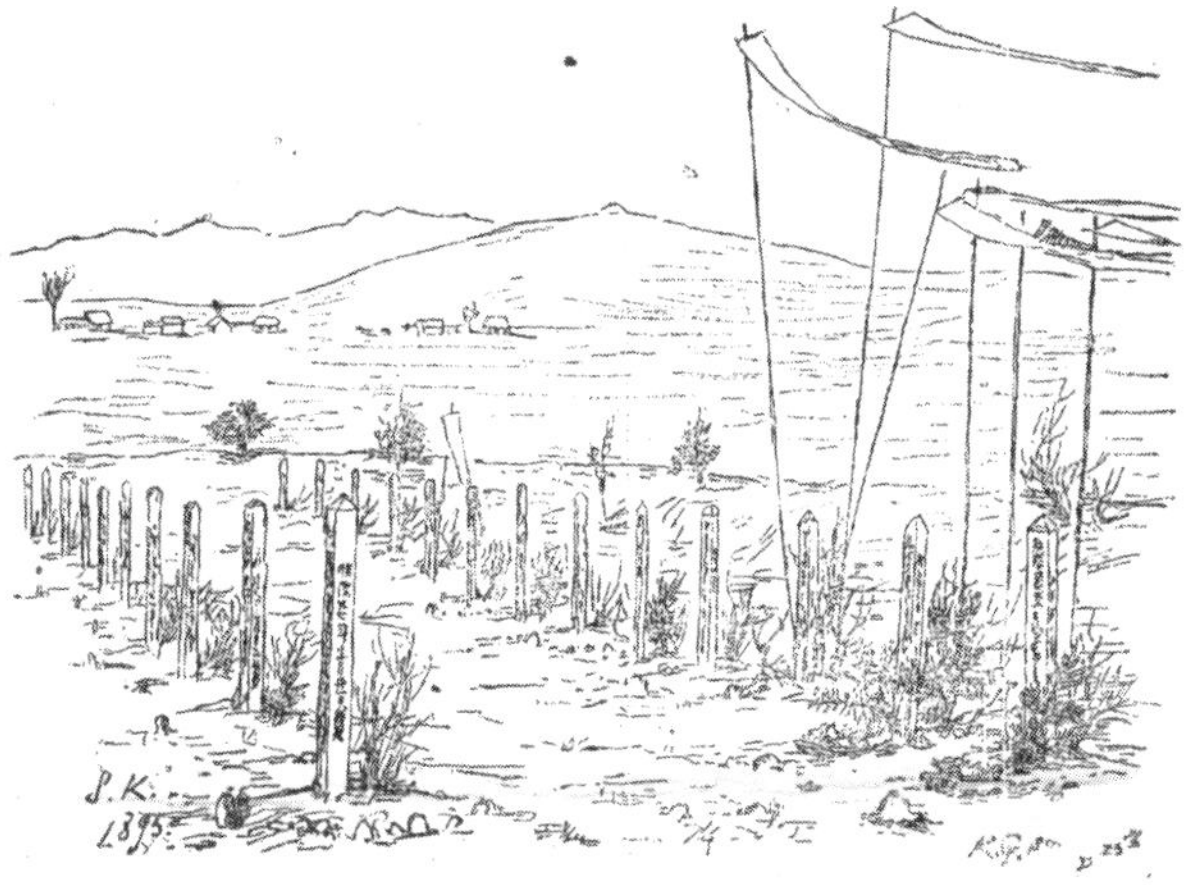

黒田清輝が林に提供した金州墓地のスケッチ

の違いがあろう」と。黒田も同様に幾筋かの涙を垂らしたとも記す。

早速、黒田は、この墓地の様子をスケッチして林に提供した。これは「新占領地の新年」の翌々日の『毎日新聞』紙面を飾った。そこには「墓地の四辺寂寥《せきりょう》として鳥だに飛び下らず、唯《ただ》朔風《さくふう》の葬旗に激して習々たるを聞くのみ、世人此の図に対して如何の感かある」との林の添え書きが紹介されていた。それは「新占領地の新年」での、新年にあたってなすべき第一は戦いの犠牲になった者の墓を詣でることだ、との記述を代弁する文章であった。

黒田の絵は、遠近感の取り方は無論、白黒だからかもしれないが、墓地の寂寞《じゃくばく》とした雰囲気がよく表現されていた。しかも、その絵と林の文がみごとに調和している。

先に引用したように、同じ日のことを黒田も日記に残しているが、その記述は極めて冷静で、備忘録のような印象を与える。林は、黒田も涙を垂らしたと述べたが、日記にはその事実は記されていない。

林は、正月七日に仲間の記者や黒田たちと市中の見物に出かけ、その様子を「金州市中」(明治二十八年一月十八日付)に記した。その内容はおおよそ次のようなものである。

> 市中は非常ににぎやかで、朝九時頃より正午ぐらいまでは、肩と肩を触れ合わなければ通行できないほど混む。皆が立ち並ぶ露店で、お目当ての品を物色するからである。日本語をまじえて懸命に物売りをする支那人の逞《たくま》しさに驚く。物価は本邦と比較して高くないようだが、この地本来の相場と比べると、高価ではないかと想像する。

二十種程の品の価格を記す。結局、目的の七草粥《ななくさがゆ》の材料は入手できなかったものの、アヒル二匹を購入し、捌《さば》いて晩餐《ばんさん》に充てた。

先に見た黒田の日記中「一月七日」の条《くだり》に、市中繁昌の画を描いたとあるのが、この文章である。

金州でしばし戦況を忘れた林は、司令部の山東半島作戦実行に先立つ一月十八日正午、金州を出発した。黒田も山本も一緒だった。

厳寒に耐えるべく、毛布を裏面に付した外套《がいとう》、耳を覆《おお》う帽子、牛皮製の靴という出で立ちに、毛布は別に一枚を携帯した。兵庫丸に乗船したものの、宛がわれたのは、馬六頭を輸送する部屋で、そこに十人が詰められる状況に加えて、馬糞等の臭気に閉口する。二十日早朝に栄城湾に到着し、大西庄という村に上陸し、さらに小西庄を経て石家村に辿《たど》り着く。二十五日には栄城城に進む。

この間、黒田の日記は次のように伝える。

同年一月二十一日

林　大阪　万朝《まんちょう》の諸氏ト臥龍村より成山廟ニ到《いたる》　此処《ここ》ニ廟有り　太陽を祭ると云《いう》

あやしげなる僧二人出来りて案内ス
同年一月二十二日
林　時事、大阪、万朝、山本等ト灯台見物ニ行タ
同年一月二十四日
高安　林　矢島　大阪君等ト北海岸ノ一漁村ヨリ一《ひ》と回りして東方ノ成山廟ヲ見
断崖ノ上ヲ龍王宮迄《まで》到ル
同年一月二十五日
今朝九時半頃迄《まで》ニ荷の仕舞ヲ済まし十一人打連《うちつ》れて栄城へ向けて出発ス　栄城ニ近クニ従ヒ雪モ多クナリ道悪クナル　午後三時頃栄城ニ着《ちゃく》ス　此城《このしろ》ハ金州ヨリ小サク又キタナシ
同年一月二十八日
二時半頃ニ橋頭集と云《いう》村ニ着《ちゃく》ス　今日の宿ハ昨夜ニ引《ひき》カへ大層立派《たいそうりっぱ》也《なり》　今夜ハ床の上ニねる事が出来　此の村ハ昨日占領したるよしニテ村の者共逃げたる者多し
威海衛ハ此処《ここ》より直径僅《わずか》三里也と云《いう》　今日歩きたる里数ハ凡《およ》ソ一万三千歩也

同年一月三十日
昨日此ノ張家口迄《まで》来て置《おい》たお蔭で張家口迄《まで》の道ハやみなれど難無く行きたれど石堂の有る山とハどれだか知れず　林君が先登ニテ前に見える山に人影ノ見ユルヲあてニ雪に足《あし》をすべらしながらもよぢ登る
同年二月一日
昨夜ハ寝て居ル面ニ雪が降りかゝりたるに少《すこ》シ閉口したり　朝七時少シ前ニ転地の命下る　僅《わずか》一里計ノ処迄行事故《ところまでゆくことゆえ》ゆるりと昼めしなど喰て立つ　今日こそは何処《どこ》を見ても真白也　雪まじりの風ニ面をたゝかれて行　虎山ニ至り舎営す

黒田も述べているように、この間の寒さは相当兵士にとっては応えたようで、片柳は、「暴風降雪寒威凛烈《ぼうふうこうせつかんいりんれつ》。（中略）上陸以来始メテ見ル天候ニシテ戸外ニ出レバ忽《たちま》チ吹雪《ふぶき》面部ニ結氷シ、手足ハ忽《たちまち》チ疼痛《とうつう》ヲ覚エ」（一月三十一日付）と述べていたが、第一師団が蓋平方面へ向けて北上すると、寒さはさらに厳しくなり、「北風ニ向テ前進、面部雪ノ為《た》メニ覆《おお》ハレ耳目口鼻結氷《けっぴょう》スル事、又ハ暴風ナルガ為《た》メ、雪道路《ゆきどうろ》ヲ埋《う》メ、為《た》メニ道ノ明《あか》ラザル等之《などこれ》ナリ」（二月十五日付）「車両ハ凍凝《とうぎょう》シテ忽《たちま》チ挫《くじ》ケ、人夫《にんぷ》ハ凍傷《とうしょう》ヲ起シテ路傍《ろぼう》ニ斃《たお》ル。未《いま》ダ嘗《かつ》テ如此《かくのごとき》困難ニ罹《かか》リシコトナシ」（二月十七日付）という有様であった。

それに比べて南下した林らは、まだ恵まれていた。

## 威海衛攻撃

一月三十日、厳しい天候の中、陸と海から作戦が開始された。陸軍は南岸と北岸の砲台を次々と攻撃し、海軍は北洋艦隊の本拠地である威海衛湾内を攻撃し、日島と劉公島を占領した。二月十二日、北洋艦隊側から降伏の申し入れがあり、翌日、丁汝昌《ていじょしょう》提督が自殺した。

この威海衛の戦いを、国木田独歩《くにきだどっぽ》は海軍の側から次のように伝えた。

（一月三十日）かくて敵艦依然港内に屏息《ひょうそく》して突出し来る模様なく、さりとて我が艦隊突入するわけには行かず、劉公島の砲台あり、日島の砲台あり、防材あり、布設水雷ありて守備をさく〳〵厳重に容易に近《ちかづ》く可《べ》くもあらず、此日《このひ》空《むな》しく暮れなんと致《いた》し候処《そうろうところ》、第四第三の遊撃隊劉公島の東砲台を砲撃し、第二遊撃隊は日島砲台を砲撃し始め候《そうろう》。

（中略）

これより二月二日の午後に至るまでは支那艦隊との戦争に非《あら》ずして風と波と雪と氷とを対手としての大苦戦と相成《あいな》り申候《もうしそうろう》。

（中略）

三日午前第二遊撃隊は日島及《および》劉公島東端の砲台を砲撃致《いた》し候《そうろう》。午後に及び第三遊撃隊及び筑紫艦《ちくしかん》、同砲台を砲撃致《いた》し候《そうろう》。是等《これら》の砲撃は多少の損害を彼《か》れに加《くわ》へたるやも知れず候へ共《そうらえども》、要するに之《こ》れを破壊する能《あた》はずして先《ま》づ成功せざりし者と存《ぞん》じ候《そうろう》。却《かえっ》て我が筑紫艦《ちくしかん》に敵弾命中致《いた》し、艦体には戦闘力に関する程《ほど》の損害を与《あた》へざりしも、人員に於《おい》て死者三名、負傷者三名を出し候《そうろう》。

清の北洋艦隊に、てこずる様子が述べられている。しかし、砲台が陥落《かんらく》すれば、残るのは湾内に留《とど》まる艦隊だけになる。とはいえ、それでもかなり手ごわい。開戦当初、清の戦艦が五艘なのに対して、我が国はわずか一艘、しかも、二等級である。

戦前の明治二十四年六月と七月に、神戸港と東京湾に横づけされた清の北洋艦隊六艘の威容に、我が国は圧倒された。特に、招待を受けた政府高官や両院議員、新聞記者たちは艦の内部を見学して、日本の海軍への自信を失った。案内する丁汝昌《ていじょしょう》の得意げな顔が脳裏に焼き付けられた。この丁が瀬戸内海を航行中、陸地に続く段々畑を見て、「山にまで耕作地を求めねばならぬような国が我が国と戦うなんて片腹痛いわ」と嘲《あざけ》ったと伝えられている。

若いころから勇敢さで知られた丁を見込んだ李鴻章《りこうしょう》が、英国のアームストロング社の巡洋艦を彼に宛がって世界に誇る北洋艦隊を組織した。丁もその期待に応えたが、鴨緑江河口の日本の連合艦隊との海戦で痛手を被《こうむ》り、さらに、威海衛湾では陸上部隊との連携作戦がうまく行かずに壊滅状態を招く。

我が国の水雷艇が威海衛湾内に侵入し、大活躍を見せた。この結果、国木田独歩も「威海衛大陸の砲台は我が陸軍の手に帰したるもの」と述べるように、陸海共同での戦いが勝利を収めたのであった。特に、名の聞こえた戦艦定遠《ていえん》の沈没は独歩にとって感慨深かったらしく、次のように記した。

一個破船《はせん》の光景だに画家詩人をして「悲惨」の題目《だいもく》たらしむるに、見よ靖遠《せいえん》は二本の檣《マスト》と一個の煙筒《えんとう》と艦橋《かんきょう》の上部と風取りの頂《いただき》とを水面に現《あら》はすのみ。且《か》つ一本の檣《マスト》はトップ以上を失《うしな》ひ他の檣頭《しょうとう》に彼《か》れの軍艦旗半《なか》ば裂《さ》けて風に翻《ひるがえ》るを見る。定遠《ていえん》は遥《はる》かに遠く其《そ》の檣頭《しょうとう》を示すのみ。一度《ひとた》び我《わが》水雷艇の為《た》めに撃沈《げきちん》せられ、更《さ》らに支那人自ら破壊する所となり、其《そ》の煙筒何《えんとういず》れにか飛んで跡《あと》なく、音に聞《きこ》えし定遠《ていえん》見る影もなし。

（「威海衛大攻撃北洋艦隊全滅」）

もちろん、陸軍側の林の戦況報告も『毎日新聞』に宛てて次々送稿された。「威海衛の大進撃」（明治二十八年二月十六日付）、「艦隊の戦況」（明治二十八年二月二十二日付）、「降人上陸始末」（明治二十八年三月五日付）、「威海衛占領及《および》北洋艦隊燼滅《じんめつ》に関する裏

面の操作」（明治二十八年三月十三日付）等々。

「威海衛の大進撃」は一月二十七日から三十日にわたる第六師団の戦いぶりを詳細に叙述したものである。中には次のような記事がある。斥候《せっこう》（偵察）に出た守永直一歩兵中尉が敵に追われて他の五名とともに殺され、死体は三日後に発見される。しかし、首は鈍刀で何度も斬ったか、石を以《もっ》て撲《う》ち切ったかは不明だが、ともかく他の五名とともに残酷に屠《ほふ》られていた。この記事は先の旅順虐殺の一因とも重なるような状況を記している。

「威海衛占領及《および》北洋艦隊燼滅《じんめつ》に関する裏面の操作」は、戦いが済んで初めて公開できる内容であった。すなわち、大山司令官から第二師団長の佐久間中将と第六師団長黒木中将への命令がそれぞれ与えられ、紙面に掲げられた予定表通りに攻撃、占領がなされたことである。緻密《ちみつ》な計画に従って、組織された軍隊が行動し、予定通りの成果を挙げたことが分かる。

そういう報告記事の中に「陣中私記」と題して十数回掲載された記事が混ざっている。

これは、戦況の報告を一部含んでいるが、林が戦場で感じたことや考えさせられたことを日記風にストレートに語っていて興味深い。また、時折、スケッチも送付されている。概《おおむ》ねは素人らしくお世辞にもうまいとは言えない中に、署名はないものの際立って達者な絵がある。その絵は林と同行していた画家山本芳翠《ほうすい》の手によるものだった。

「陣中私記」の中から興味深い記事をいくつか見てみる。

まず、「征清陣中私記」（明治二十八年二月十七日付）は、二人の縁ある人物の戦死を伝える。一人は大寺少将、もう一人は二六新報記者の遠藤又市である。大寺少将は、林が旅順で同僚の肥塚龍《こいづかりゅう》と会った時、自分と同郷だからぜひ挨拶《あいさつ》をしろと紹介状を渡され面会した人物だが、今回、敵の重砲丸の破片が胸に刺さって死亡したという。

遠藤はまだ二十五、六歳の青年で、今回初めて従軍記者となり、この地で流れ弾に当たって亡くなった。

もう一点。日本が劉公島を攻撃した時である。そこの清国兵は降伏を提督の丁汝昌《ていじょしょう》に要求したが、丁は頑強に拒《こば》み続ける。そのうち陸路から威海衛の陸上砲台を攻略された結果、海軍を包囲されてしまい、敗戦の色は濃くなった。

丁はその責任を取って二月十一日、李鴻章《りこうしょう》に打電したあと服毒自殺をする。十二日に白旗を掲げて来た清軍の降伏書には、我人民《わがじんみん》の帰郷を許して欲しいとの一項目があった。

この自殺に関して林は、別に「劉公島の没落 及《および》 威海衛港占領」（明治二十八年三月九日付）という一文の中で次のように述べる。

北洋水雷艇管帯蔡廷幹《かんたいさいていかん》、去月三十日我の捕獲《ほかく》する所となり、首白して曰《いわ》く、丁提督頃日慨然《けいじつがいぜん》として予《よ》に語《かたり》て曰《いわ》く、北洋艦隊は悉《ことごと》く敵の轟沈《ごうちん》する所となるとも、我れ決して惜《おし》まじ、何《なん》となれば我政府の富を以《もっ》てすれば、之《これ》を再造せんこと難《かた》からざればなり、唯之《ただ》を操縦すべき人、即《すなわ》ち予《よ》が多年苦心焦慮《くしんしょうりょ》して養成したる海軍士官及《および》水兵を失《うしな》ふに至《いた》りては、予の痛心に堪《た》へざる所なりと、蓋《けだ》し北洋水師は固《もと》より李中《りちゅう》堂《どう》の経営に成ると雖《いえど》も、丁提督の規画する所亦《また》実に尠少《しんしょう》ならず、李は父なり丁は母なり、李、丁ありて始めて北洋艦隊あり、且《かつ》丁や久しく艦隊を提督して北洋水師に直接す、其配下《その》を思ふの情豈特《じょうあにとく》に深からざるを得むや、嗚呼《ああ》丁は其配下を生さむが為《いか》めに其身を殺せり、清国の海軍をして猶《なお》其遺髪を存ぜしめんが為《た》めに其身を殺せり、所謂《いわゆる》身を殺して仁を成すもの、孔夫子《こうふし》の徒《と》たるを失《うしな》はず、抑《そもそも》又軍人の名誉を重しとして一身の利害を軽《かろん》ず、素養あるものにあらずして何《なん》ぞ能《よ》く此《ここ》に至《いた》ることを得むや、四百万衆悉《ことごと》く豚犬、乃《すなわ》ち此一《これいつ》の義烈漢《ぎれつかん》あり、丁が名は日清戦記に特筆大書せられて窮期《きゅうき》なかるべし。

この一文は、次のようなことを述べている。すなわち、北洋艦隊の戦艦が撃沈されたとしても国の財力をもってすれば、また造ることは可能だ。しかし、長年かけて養成した海軍の士官や水兵を死なせることはできない。李中堂と二人して完成させた艦隊である。我が身を犠牲にして彼ら優秀な人材を救いたい。こういう丁の考えを、我身を殺して仁をなすという孔子の教えを体現する義烈漢である、と林は褒《ほ》めたたえる。

丁の自害については、いろいろな風聞があった。例えば、「艦沈《かんしず》み人尽《ひとつ》きて後《の》ち已《や》まんと決心せしも、衆心潰乱《しゅうしんかいらん》今や奈何《いかん》ともする能《あた》わず」と李鴻章《りこうしょう》に宛てて打電したというその文意は彼の自害の理由の一つである。また、李と親交があった伊東祐亨《すけゆき》連合艦隊長官は、自殺の前日にも彼の書を受け取っていたが、自殺を恐れて、会って降伏の条件について話し合おうと提案したという。それもかなわなかったので、伊東は貨物船一艘を没収しないで、それに兵士等を載せて本国帰還という温情をみせた。

さらに、この最期を新聞報道で知った作家の樋口一葉は次のように「日記」に記した。

丁汝昌《ていじょしょう》が自殺は、かたきなれどもいとあはれなり。さばかりの豪傑をうしなひけんとおもふに、うとましきはた丶かひ也。

中垣の隣の花のちる見ても
つらきははるのあらし成けり

（「しのぶぐさ」）

敵ながら惜《お》しい人物をなくしたと思うにつけても、戦争をうとましいと一葉はいう。その一葉の感慨が和歌にも込められている。さすが女性ながら国家に思いを馳《は》せた作家の面目躍如《めんもくやくじょ》というところだろう。

このような一葉の「丁汝昌《ていじょしょう》」観に対して、国木田独歩は次のように述べている。

嗚呼《ああ》丁汝昌《ていじょしょう》は死せり。彼は国のために殉《じゅん》じたり。／已《すで》に丁汝昌死す、北洋艦隊は全滅したる也。威海衛は陥落《かんらく》したる也。開戦今日に至《いた》るまで、敵の敗亡滅燼《はいぼうめつじん》其の数を知らず、而《しか》も支那北洋艦隊は最も見事なる最後を遂《と》げたる也。

桟橋《さんばし》の傍《そば》に檣頭《しょうとう》と煙突と船首とを示す者は、威遠《いえん》なり。その傍に砲艦一艘又た煙突のみを示せり（略）立つ仇浪《あだなみ》の弄《ろう》する所となるものは彼の来遠か（略）此《こ》の光景を以《もっ》てしては丁汝昌《ていじょしょう》が自殺して衆卒《しゅうそつ》を助け、以《もっ》て此《こ》の堅城《けんじょう》を明け渡したるも無理ならぬ事と思ひたり。

これを林のものと比較してみると、認識の差は歴然としていよう。独歩はともあれ、北洋艦隊が全滅したことを喜ぶ。むしろ、このような国木田の認識が当時としては平均的だったと判断すべきかもしれない。一葉や林の方が深い認識を示している。

この丁汝昌《ていじょしょう》の自殺は新聞報道で日本でもかなりの話題に上り、日本画家・鏑木清方《かぶらぎきよかた》の師である水野年方《としかた》も早速「提督丁汝昌於官宅自殺図」を描いている。

先の林の文章で注目するべきは、後半の「所謂《いわゆる》身を殺して仁を成すもの、孔夫子《こうふし》の徒《と》たるを失《うしな》はず」以下の箇所である。丁汝昌の行為を「仁を為すもの」で「孔夫子の徒」と認識している点である。

孔子について林は『佐久間象山』の刊行以前に『北國新聞』に文章を掲載している。これに関しては既に紹介したが、この従軍記者として戦地にいるときにも「孔子の『国家的観念』」を発表している（明治二十八年四月十六日付）。その内容は、以前のそれと大差はないが、中国の歴史を回顧しながら門閥《もんばつ》に囚《とら》われない、能力重視の平民主義を唱える孔子の存在とその考え方がその後、如何《いか》に歴代の為政者に受け入れられず、民主政治が実施されてこなかったかを述べた。そして、彼は最後に言う。国に定主なく、民がいよいよ恒心《こうしん》を失えば、その四億の人口を養うことができなくなり、世界の漂泊民となるだろうと。孔子が苦心焦慮《くしんしょうりょ》したことも無になる、とする。なお、これについて詳しくは後述する。

次に、敵兵のモラルについて述べた文章にふれる。この威海衛の戦いで、日本の水雷艇が戦艦定遠《ていえん》を破壊した時に、将校二名と兵二名が犠牲になった。敵の海軍はこの日本の四名の屍《しかばね》を軍服の上から毛布を纏《まと》い、将校は各一棺に、兵は二名を合わせて一棺に入れて、埋葬地に安置した。しかし、自国の兵卒で戦死した場合は布団に包んで高粱《こうりゃん》の蓆《むしろ》で捲《ま》くだけである。

この話を耳にした林は、己に薄くして人に厚い清国海軍は何と礼を知っていることか、と感心する（「降人上陸始末」明治二十八年三月五日付）。

さらに、異国で見た庶民の姿をどのように捉《とら》えていたかをみる。まず、威海衛で現地を占領した日本軍が敵兵や住民の移動を桟橋《さんばし》で見届ける場面で、林が目撃した際の感想である。

威海衛城の東北角《かど》の所《ところ》に至《いた》りて道二分す、西するものは兵営に至《いた》り、南するものは城の東門外を経《へ》て栄城の方向に通ず、清兵等は言ふ迄《まで》も無《な》く皆《みな》西方の道を経《へ》て兵営に入りたれども、城の付近の土民の清兵に混ずるものは南の道を経て各其住家《かくそのじゅうか》に帰れり、内に十歳許《ばかり》を頭にして三人の稚児《ちご》を伴ふ一傖父《そうふ》あり、子は飢と寒とを號《さけ》びて容易に歩を進めず、父は荷物の重きに苦み、且其子供等《かつそのこどもら》を慰《なぐさ》めつ、徐歩《じょほ》する様《さま》、失倫《しつりん》のたとへなれども常盤《ときわ》が伏見《ふしみ》に行悩《ゆきなや》みたる時の事思ひ出《で》られて覚《おぼ》へず涙を催《もよ》ふしたり、四辺漸《しへんよう》や》く暗くなりぬ、予《よ》も亦《また》痛く空腹を感じたれば急ぎて宿舎に帰りぬ。

（「陣中私記」明治二十八年三月六日付）

この文章の後半で、二月の寒い中、常盤御前《ときわごぜん》が八歳を頭に三人の子供を連れて清盛《きよもり》の追手《おって》を逃《のが》れて伏見の叔母の元へ逃げ延びるシーンを連想するあたりは、林の知識が豊富なことを示すが、林には、この当時四歳の女子と二歳足らずの男子が日本で待っている。そういうことを念頭に文章を読むと、三人の幼い子を連れて寒さと飢えの中、父親が歩を進める光景を目撃した林は、人の親としての思いを脳裏に横切らせ、涙を催す。自然に感情が発露されたのに何の不思議もない。戦争というものは、このように非道なものであると感じ入ったのだろう。

ほぼ同じ頃、林らの仮宿舎が留守中に泥棒に入られ、酒や味噌、醤油、木炭等の生活必需品が多数盗まれた。近所の地元民が怪しいとにらんだ林らはある家に行き、一部を押収する。しかし、彼らは、より多数の物品を盗んだ者が他にいると告白した。

それは辺りでも群を抜く構えの家に住む、身体偉大、品位凡《ぼん》ならざる一老人だった。中庭に積む盗品を前にその老人が言い訳を重ねるので、剣を抜くと、彼は全てを白状し、積雪した地面に頭をつけて命乞《ご》いをする。それを見た林は醜態《しゅうたい》見るに耐《た》えず、怒気も収まり、憐憫《れんびん》の情すら起こる。

西人《せいじん》常に曰《い》ふ「支那人にして盗を為《な》さざるものは唯《ただ》皇帝一人あるのみ」と、予嘗《かつ》て支那の内地を旅行し、沿道民人の稍醇朴《ややじゅんぼく》にして愛すべきものあるに感じ、以為《おもえ》らく猶孔夫子《なおこうふし》の遺民《いみん》たるに反《そむ》かずと、此地《このち》沿岸の一土港諸方《いちどこうしょほう》の民集散《たみしゅうさん》し、自然に風気の悪しきを致《いた》し、内地の醇朴《じゅんぼく》なるに似《に》ざるは怪《あや》しむに足《た》らざる事《こと》なりと雖《いえど》も、西人の所謂挙国皆盗《いわゆるきょこくかいとう》の語甚《はなは》だしく矯激《きょうげき》に失《しっ》せざるなり、感来《かんらい》、殆《ほとん》ど暗涙《あんるい》の催《もよお》すを覚《おぼ》へず、深く老先生を咎《とが》めず、その家隷《かれい》二人をして盗み去りたる一切のものを担《にの》ふて、余等《よら》の宿舎に至《いた》らしむ。

（「陣中私記」明治二十八年三月七日付）

ここでは、西人つまり文明国の人間である西洋人の「支那人にして盗を為《な》さざるものは唯《ただ》皇帝一人あるのみ」という発言を一部肯定せざるをえないような状況に、林は戸惑いを覚える。かつて、清国内地を旅行した時の印象とは全く異なるからである。「庶民悪《いずくん》ぞ相索《あいひき》ひて盗たらざるを得や」と嘆く。なぜそれほどの違いがうまれたかを深く追求しないが、「孔夫子《こうふし》の遺民」のイメージとあまりにかけ離れていることに失望し、落胆する。

さて、「本国よりの書信」（明治二十八年一月十二日付）では、第二軍本部に到着した野戦郵便の中より「偏《ひと》へに奉公の念を増さしむべきもの」として二通を、林は紹介する。そのうち某通訳官に宛てたものは、井手昇君小倉に在《あ》りて風邪に罹《かか》られ、之《これ》を推して勤務成され居候処《おりそうろうところ》、遂《つい》に熱病と変じ、十一月廿一日死去相成候《あいなりそうろう》、其病《そのやまい》に就《つ》かるゝも、征清《せいしん》の軍に従はんと病を押されたるに因《よ》ると承知《しょうち》致候《いたしそうろう》、又浮《う》は事《ごと》にも常に征清の事のみ申され、死に臨み、「北京はマダ落ちぬか」と申され候間《そうろうかん》看病のもの「北京は今落ちたり」と申せし処《ところ》「ソンならよし」とて絶命相成候由実《あいなりそうろうよしじつ》に軍人の本領と被存候云々《ぞんぜられそうろううんぬん》。

——小倉に住む井手昇君が風をひいてもなお仕事をしていたが、終《つい》にこじらせて亡くなったが、その闘病中にも征清の軍隊に加わりたいと言い続け、うわごとにまで出るようだった。北京陥落を最後まで気にし続けるので、看病者が今、北京が陥落したと伝えると、安心して目を閉じたという。

この逸話は確かに国を思う気持ちを伝える美談になり、そのことを感じた林がわざわざ『毎日新聞』に送付したのだろうが、国民の愛国心や連帯感、引いては参戦意識を高める一助になったことは否めない。

もっとも、国民の参戦意識は開戦当初から徐々に高まっていった。まず、富裕層が献金をし、寄贈品を寄せた。次に、参戦を希望する者たちが、てんでに組織を結成して参戦を求めた。その数が余りにも多くなってきたために「詔勅《しょうちょく》」が出て中止、解散させられる始末であった。

さらに、福沢諭吉を発起人総代とする「報国会」が結成されて義捐金《ぎえんきん》を集め、一方、軍事公債も発行された。

義勇軍の運動が頓挫《とんざ》したあと、軍夫として従軍する者が後を絶たなかった。ただし彼らの服装は粗末で、賃金もさほど多かったわけではなかった。兵卒よりも戦死や病死の割合が多いし、軍人恩給法が適用されないため賜金《しきん》の額も十分でなかった。

それでも、参戦することの意義が彼らの行動を支えていた（大谷正・原田敬一編『日清戦争の社会史』平成六年刊）。

以上のような出来事の経過を『時事新報』や『大阪毎日新聞』『国民新聞』等々の中央紙は大々的に報道するし、各地方紙はそれこそ詳細に伝える。中でも地方紙は兵事事務は各県が最終的責任を持つところから、情報が入手しやすく、出征の送別会や出身兵士の書簡、凱旋《がいせん》帰国、留守家族の様子等々こまごました記事で埋め尽くされた。新聞のこれらの報道が間接的に国民の愛国心や連帯感を高めたことは認めざるをえない。

明治二十八年三月十二日付の「陣中私記」は二月十八日に執筆されたもので、「秦始皇の一大古址」のサブタイトルがあるように、秦の始皇帝をめぐって記したものである。日本軍が山東半島の栄城湾に初めて上陸したのは龍睡澳で、そのすぐ傍に成山廟がある。そこを一月二十一、二十四日に黒田らと訪れた林がその感想を述べる。前に紹介した黒田の日記でもそのことは語られていた。どうして今頃になってという疑問が残るが、「近日《きんじつ》日本国より帯《お》び来《こ》りたる方予記《ほうよき》を読みて偶《たま》ま成山廟の条《じょう》に至《いた》りて始めて其《その》由来を知ることを得たり」とあるので、その理由が理解できる。

先に同行した山本芳翠《ほうすい》がここの絵を描いていたが、今回も同行していたので、林はもう一度その景色を描いてもらった。それが同時掲載されている。絶景である。数棟の建物はおそらく前殿や本殿、東殿、鐘楼であろう。

文章は、始皇帝が第二回の巡行で出会った方士の徐市《じょふつ》が航海の末、我国の紀伊に至ってそこに定住したという伝説を紹介したのち、「一故址は豈啻《あにただ》に風景絶佳の故《ゆえ》を以《もっ》て画伯の賞翫《しょうがん》にのみ委《まか》すべけんや好古の諸君子《しょくんし》必らずや奇異の感情を以《もっ》て此図《このず》に対するあらむ」（昔の建物を観る時は、ただその光景がすばらしいからと画家の珍重にだけ任すべきだろうか。いや、そうではない。昔のことを好む諸君は必らず奇妙な感情を抱いて此の図と接するだろう）と結ぶ。いかにも林らしい歴史への関心の深さを示している。

しかし、文中では、始皇帝の業績を述べるのに主眼がおかれている。その偉大さを証明するのは、始めて天下統一をしたこと、儒生を坑《こう》（生き埋め）にして史書を焼いたこと、長城を築いたことの三点を成し遂げたことであり、後世への鴻爪《こうそう》（往時の痕跡）としては支那という国名を生みだしたことと、天子の自称を朕《ちん》と言い、その号を皇帝と言い、命を制、令を詔と言う言葉を遺したことである、と指摘する。

始皇帝の評価をめぐっては、万里の長城を築くために多数の人民を犠牲にしたとか、焚書坑儒《ふんしょこうじゅ》は学問破滅への暴虐行為だとか、マイナスのイメージが濃い。儒教が正道の時代には当然である。

しかし、林は始皇帝のそのような行為行動は「原始の野蛮時代を去る甚《はなは》だ遠からざる始皇の時代」では、始皇帝のような剛毅《ごうき》で残忍な性質を持つものは、その政治上の目的を実行するために婉曲《えんきょく》の方法によらないで直截《ちょくさい》の方法をとることが当然であり、実行されてしかるべきである、とその豪傑的性格と実行力に高い評価を与えている。

いわば、林は戦争の経過だけを記事にしたのではなく、現場で観察し、考察したことの多くも記事にしている。戦地における人間模様を、彼は多面的に描いた。それは従軍記者になる以前の、漢口から北京への四十日以上も要した長旅の経験や、国際社会の縮図とも言うべき上海の観察、さらには、木材に関する事業を興す決意を固めるまでの経緯、これらが様々に絡んで紡《つ》がれたものである。逆に、戦地での経験が、それまでの人生観の見直しや確認につながったといえる。

二月二十四日、首都北京の周辺での決戦（直隷《ちょくれい》作戦）に備えるという軍の命令によって大連湾方面へ移動する兵士たちに追従して、林は横浜丸に乗り込んだ。威海衛から金州へ向かい、その後、この地を拠点に周辺を視察観察して、三月三日、広島へ向かった。

金州へ戻ったのは四月一日である。この間、新聞には三月十五日から四月十五日まで執筆が途絶えている。休戦状態で、さしたる事件も出来事もなかったためかも知れない。この間、戦地を離れて、ゆっくりと英気を養ったのだろう。

三月二十日に、日清間の講和会議が開始されて、停戦期間になっており、金州に帰った林は改めて旧戦地を訪ねる。

四月二十七日、金州滞在の林は参謀本部に営口に行く願いを出し、許可を得た。五月三日、先ず金州から旅順に行き、そこから営口に向かう予定だった。しかし、旅順行きの船は満杯で乗船できなかった。ふと、乗船人の中に郷里の先輩福島中佐を見つけた林は、思わず、近づいて挨拶《あいさつ》をする。中佐は凍傷のためか両足を包帯で捲《ま》き、歩行もぎこちなかった。

結局、この日、船に乗ることができなかった林は、一度、金州へ戻って用事をたし、さらに南海岸線に沿って歩行することにした。「去年十一月十八日、軍に従って歩いた道をまた、進むのか」と思うと、彼は胸に迫るものを感じる。あの時は、木々の葉が枯れ落ちて寂寞《せきばく》とした光景の中を歩いたのに、今は、「春陽駘蕩《しゅんようたいとう》花笑い、柳眠る中」を歩む。

彼は別天地のような気がした。

その日は、格鎮堡止まりで、、貞愛《さだなる》親王殿下率いる第四旅団司令部に頼んで、副官部書記の部屋へ泊めてもらった。翌二十八日早朝に発って栄城子や土城子、水師営を経て夕方、旅順に到着した。

そこから肥後丸に便乗して営口へ到着する。五月八日までに金州に帰るという本部の約束を守って、七日には同地を去った。この間の滞在の様子は「営口の旅」と題して六回にわたって掲載された(明治二十八年五月二十七、二十八日、六月二、四、五、六日付)。

「営口の旅」は、約一年前に訪れた同地について、その後どのように変化したのか、それとも変化がないのかをリポートしたもので、行政の様子や鉄道や堤防、人口、居留地の状況等を観察している。

ところで、先に述べたように林が営口へ再度足を運んだ頃は、清国との講和会議が終了し、条約が締結された後である。日清戦争は終結したが、日本は交渉を有利に進めるべく台湾へ兵を進めていた。一方、講和条約締結後、日本は獲得したはずの遼東半島を、いわゆる三国干渉によって全面返還することとなった。

# 第五章　台湾へ

日本は、清国から割譲《かつじょう》を受けた台湾に総督府を設置し、樺山資紀《かばやますけのり》大将を総督に任命した。明治二十八（一八九五）年五月十日のことである。しかし、台湾では日本の支配下に置かれるのを拒む者達が巡撫《じゅんぶ》（清国各省の長官）の唐景崧《とうけいそん》に独立を迫った。その結果、唐景崧が総統に就き、台湾民主国を成立させ、日本への武力抵抗を開始した。

日本軍が台湾の基隆へ上陸したのは五月二十九日で、六月十七日には台北で台湾総督府の始政式が行われた。唐景崧はすでに大陸に逃亡していた。にもかかわらず、抗日義勇軍の武力闘争は続き、日本軍の台北から南方への侵攻は困難を極めた。

そのため樺山の要請によって度々台湾への増兵が図られ、作戦も変更された。まずは台北周辺の治安を確立することを優先し、のち台南方面を占領することとなった。

十月十九日、抵抗軍の中心人物・劉永福《りゅうえいふく》が大陸へ逃げて台湾民主国が滅亡した。樺山は十一月十八日に台湾平定宣言を大本営に告げた。しかし、その陰にはマラリアや赤痢《せきり》、脚気《かっけ》等の病気で死去する多くの兵士が犠牲になったのも事実である。

李鴻章《りこうしょう》すら、台湾は統治に難儀するからやめた方がよいと忠告した台湾を、日本はどうして所有したかったのか。ここを帝国として膨張しつつある日本の南進の拠点にしたいとの当時の指導者たち、例えば、松方正義、伊藤博文、陸奥《むつ》宗光《むねみつ》たちの共通認識があった。のちに児玉源太郎台湾総督や後藤新平民政長官もそれを支持した（原田敬一『日清戦争・日露戦争』平成十九年年刊）。

同様のことは、新聞『日本』の陸羯南《くがかつなん》も述べている。

台湾占領ニ付従《つきじゅう》スル利益
一　償金《しょうきん》ノ抵当《ていとう》ニモ其《そ》ノ一部タリ。
一　日本通商ノ南進ニモ大利益アリ。
一　東洋ニ対スル兵略《へいりゃく》ニモ大便利アリ。
一　英ト睨《にら》ミ合ヒテ我《わ》ガ征清軍《せいしんぐん》ノ凱旋《がいせん》ニ驕怠心《きょうたいしん》ヲ起《おこ》サシメザルノ利益アリ。（以下略）

（谷干城《たにかんじょう》宛・明治二十七年十一月十九日付）

林の台湾に対する考え方もほぼ同様と見てよい。すなわち、

長江一帯の地は以《もっ》て我《わが》外国貿易を恢弘《かいこう》するに足《た》る所《ところ》、而《しか》して此地《このち》は支那の腹心にありて既に久しく諸外国の窺視《きし》する所たりと雖《いえど》も、事《こと》を此地《このち》に創《はじ》むべき立脚《りっきゃく》の地なきを以《もっ》て、未《いま》だ侵奪《しんだつ》の目的地とならず、今や我は新たに台湾を得て此《こ》の方面に向ふべき適当の根拠を得たり、当《まさ》に着々侵奪の方策を進むべきなり
（「対清処措《たいしんしょそ》」明治二十八年六月十四日付）

——長江一帯は我が国の貿易を広めるのに格好の場所で、特に台湾は支那では中心のような位置にあり、外国はここを狙っていたが、まだその望みを果たしていない。我が国は今ここを手に入れてさらに飛躍するべき根拠地とした。これから今後の発展策を考えるべきだ。

林はさらに続けて、ここを根拠として上海付近を狙うのがよい。そこから次第に侵奪

の歩を進めることができる。その際、日本人に親近感を持つ江蘇州、とりわけ蘇州や杭州の人達は、北清の人を嫌い、彼らもまた広東人を中国人でないと言って相手にしない。広東人の体格気風は日本人と酷似《こくじ》する。従って、そういう彼らの存在は我が侵奪の目的を進めるのには好便宜である、と指摘する。

今日から見れば、極論とも暴論とも思えるこの思考も、先の指導者たちとは五十歩百歩ではないか。

林は「嗚呼《ああ》予《よ》は琉球に死なずんば則《すなわ》ち台湾に死せん、而《しか》して予は自《みずか》ら予をして、如《かく》是《の》の如《ごとき》嘆《なげき》を発《はっ》せしむる因《いん》を原《たず》ね日本人南下の事は理勢《りせい》の当《まさ》に然《しか》るべきものなることを知れり」(「図南漫録　第四」明治二十八年六月八日付)とも述べている。

この「日本人南下の事は理勢の当」という認識は当時における「常識」であった。

しかも、日本が台湾を獲得しようとしたことを諸外国は当然のように考えていた、との情報もある。後に第二十四代内閣総理大臣(大正十三～十五年)となる加藤高明(一八六〇年生)は、駐英公使(明治二十七～三十二年)としてロンドンから東京の大隈重信に宛てて次のように述べている。

日本が戦勝の得物《えもの》として台湾島を要求すべきは、各種の新聞とも殆《ほとん》ど口を揃《そろ》へて之を唱《とな》へ、而《しか》して之を当然と認むるの語気にて自国の利害より之を妨《さまた》げんとする如《ごと》き語気更《さら》に無之《これなき》は誠に案外なり。現《げん》に現内閣の機関たるデーリーニュースの如《ごと》きも、四五日前の社説にて日本が台湾を占領すべきを唱《とな》へ、敢《あえ》て之を不当と認むるの口気《こうき》なし。若《も》し我邦《わがくに》に於《おい》て笑ふなるべし。右参考までに申上《もうしあげ》置《お》く。

（明治二十八年七月十二日付）

もし、この内容が真実を伝えるならば、日本の台湾進出は、世界の「常識」ということになる。

平定宣言後も抗日軍の抵抗は続き、たった一日だけ台北が包囲されたこともあった。戦闘を担っていた第二師団等が帰国したのは明治二十九年三月以降である。もっとも、台湾には山岳地帯などに未占領の地はまだ残っていた。日本統治最初期の台湾の状況は、ほぼこのようであった。

『毎日新聞』が明治二十八年六月二日付の紙上で次のように述べた。
台湾に関する風説近者頗《きんじゃすこぶ》る奇怪《きかい》を極《きわ》む。島民の擾乱《じょうらん》、黒旗兵《こっきへい》の南進、共和政の宣《せん》布《ぷ》、欧人の上陸。等総《などすべ》て世人《せじん》が真相の報道と。明確の解釈とを得んと欲する所。我社於是《ここにおいて》他社に率先し。嘗《かつ》て遼東に特派せる社員林政文。権藤震二《ごんどうしんじ》及艦隊特派員一本松啓の三人を海陸両軍に従事して既に南航の途に上《のぼ》らしむ。

——台湾に関しては近頃様々な噂《うわさ》がある。これに対して何が真実かを確認し、報道するために他社に先駆けて林以下三人を派遣する。

こうして、林は社命によって今度は台湾へ向かうことになった。彼は、五月二十二日、薩摩丸に乗船。航海の様子を「幾十艘、汽船の先発するもの後属するもの各黒龍《かくこくりゅう》を吐《は》き、白馬を躍《おど》らして遥《はる》かに海南を指す、快亦言《かいまた》うべからず」と表現する。

林は、台湾に向かう一団が近衛師団であり、師団長が陸軍中将北白川宮能久《よしひさ》親王であることに感激する。つい、『太平記』巻四「先帝遷幸」の条《くだり》を思い浮かべる。

去程《さるほど》に先帝《せんてい》は出雲《いずも》の三尾港《みおこう》に十余日御逗留《ごとうりゅう》ありて順風《じゅんぷう》になりにければ舟人纜《ふなびとともづな》を解《と》きて御《おん》ふなよそひして兵船《へいせん》三百余艘《よそう》前後左右に漕《こぎ》並べて万里の雲に遡《さかのぼ》る時に滄海《そうかい》沈々《ちんちん》として日《ひ》西北の濁に没《ぼっ》し雲山超々《うんざんちょうちょう》として月東南の天に出《い》れば漁船の帰る程《ほど》見へて一燈柳岸《いっとうりゅうがん》に微《かす》かなり（略）。

――さて、先帝後醍醐《ごだいご》は出雲の三尾の港に十数日逗留《とうりゅう》したが、順風《じゅんぷう》になったので、船頭たちは纜《ともづな》を解《と》いて出港の準備をして、軍船三百余艘が前後左右に漕《こ》ぎ並べ、遥《はる》かに続く雲の彼方《かなた》へ出発した。青海原《あおうなばら》の中を進むと、日は西北の波に沈み、雲のかかった山がそびえる東南の空に月が出た。仕事を終えた漁船が帰港するようで一つの灯が柳の岸に見える。

しかし、これは見かけの景色は類似していても、かたや消沈《しょうちん》の船旅であり、こなたは国威発揚《こくいはつよう》の旅である。置かれた境遇は全く逆である。さらに、彼は、豊臣秀吉の朝鮮出兵時にまで思いを馳《は》せる。また、半年で遼東から台湾まで戦果を挙げた宮殿下の徳や人柄を讃《たた》える。

以上の内容を伝えるのは「図南漫録」と題する新聞連載の第一回である（明治二十八年六月七日付）。図南とは、『荘子』の中に出てくる言葉で、想像上の鳥の鵬《ほう》が南方へ向けて翼を広げようとすることから、遠征を意味する。

日清戦争に従軍して以来、寒さと貧困を経験した林は、九州はおろか、それより遥《はる》か南方の琉球、さらにその南の台湾に初めて身を置こうとしている。もちろん、不安はあろうが、それ以上に未知の地への期待が大きかったと思われる。航海中の海の色もそれまでとは違って見えたはずである。戦地で親しく交わった黒田清輝もパリから帰国する二年前にその海を見た。緑の濃い青から、黒ずんだ藍《あい》色へ、さらに緑へと目まぐるしく変わる色である。

五月二十九日に台湾に到着した後の林の動きを追うと、六月七日に基隆着。八日に台北着。七月九日に基隆から帰国（薩摩丸）。十二日、宇品に到着。

このように、林は約四十日間、台湾に滞在した。もちろん、林が台湾を去る時点では我が国は平定宣言どころか、台南上陸も果たしていない。短期間とはいえ、この滞在が本来事業を興したいという林の気持ちにさらに火をつけ、抵抗軍が盛んに活動する台湾へ、秋以降に再訪させることになる。

## 台湾で従軍記者生活

では、最初の台湾体験で林が何を見て、何を感じ、何を考えたかを林の記事に拠りながら見てみる。

「台湾雑記」（明治二十八年六月二十八日付）や「第二従軍私記（一）」（明治二十八年七月十八日付）によれば、林たちは、船が三貂角湾に上陸したのち、すぐさま頂双渓に向かう。そこは西へ基隆、東は宣蘭へ通じる要所で、耶蘇会堂や娼婦宿が軒を並べる繁華街を持つ。途中の道は石ころだらけの急峻な道で難儀した。それは、水牛を使う農業が盛んでないため道を平坦にする必要がないからだと、林は推察する。

わずか一週間前に遼東にいた林は、気温の違いに驚いた。山嶺高く聳《そび》え、樹木が繁茂する様はまるで熱帯のようで、全く別天地であると感じる。一方で家屋の構造は遼東と類似する。北京語が通じないので通訳が困惑する。金州では高いところに登れば、全て一望できたのに対して、ここはそれもできず、軍隊の作戦においてかなりの支障が生じるだろうと、推測する。

日本軍は、頂双渓から基隆に向かう。敵兵の有無を事前に探りながら前進し、基隆からさらに台北をめざす。基隆までの敵は大陸からの兵隊がほとんどを占めたが、彼らは日本軍と出会うとすぐに四散してしまう。軍は抵抗する者を相手に銃撃戦を繰り返して進む。

林は、鉄道線路上を徒歩で進んだが、子どもを引き連れたり、豚を風呂敷で包んで運んだり、家具を背負ったり、様々な格好をした原住民たちが同行した。川を上下する原住民も目撃した。いずれも、昨日までの戦禍《せんか》から逃れた者たちだろう、と推測する。

錫口という町では、入り口に「恭承《きょうしょう》大日本国恩親《おんしん》」と貼られた大きな屋敷から号泣する声が漏れ聞こえた。覗《のぞ》いてみると、遺骸《いがい》を囲んでいる。家族の誰かが死去したものと思われた。

道すがら、銃声が時折響く。それは原住民が敗兵の略奪を防ぐためだと林はあとで知る。

軍は常に斥候《せっこう》（偵察者）を先発させ、清兵の有無を確認しながらついに六日、台北城外にたどり着いた。翌七日、城門を開けた。淡水河口や江頭方面からも歩兵第五と五中隊が台北に着いた。

軍に従う林が基隆から約三十二キロ強の台北に到着したのは、その戦いの後の六月八日である。

台湾の中心都市台北に軍が到着し、いよいよ日本領地としていかに為政を開始すべきなのか、そのためには、台湾とはどういう国であり、台北とはいかなる町なのかということに対する十分な認識を備えるのがまず肝要だと林は言い、次のように述べる。

清国は、その主要民族から見れば、満州人と漢人とを主とする北京、漢人を主とする上海、漢人と西洋人とを主とする広東に大別できるが、今、広東に限って言えば、昔から西洋国との交際が古く、丁汝昌《ていじょしょう》のように全土に力を及ぼす人物を輩出しており、全体としても勇武の気力精神を持つ人物が多い。ただ、広東人は狡猾《こうかつ》で怜悧《れいり》で利に敏《さと》い面を持つ。台湾の気風はほぼ広東と同様と見てよく、この特質を十分押さえて教育しなければならない（「図南漫録其十二」明治二十八年六月三十日付）。

これも、先の「対清処措《たいしんしょそ》」と同様の考え方である。

林は、台湾の諸事情について知識が豊富らしく、「対台湾小策」（明治二十八年七月二十三日付）では、台湾人の性質、抵抗の理由、討平前の処措、討平後の処措、対先住民の各項目に分けて持論を展開する。

以下、詳しく見てみる。

「台湾人の性質」は先の「図南漫録其十二」と同じで、「抵抗の理由」については、原住民は①財産を没収されること②租税を重くされること③旧俗を変更されることの三点を懸念していると思われ、かつ、将軍劉永福《りゅうえいふく》もすでにそのことを言いふらしている可能性があるので、我軍は前進の度にそれを否定すべきだ。

「討平前の処措」については、現在の気候条件でなお前進するのであれば、前面にただ進むことを考えず、左右にも留意すること。また、新たな地を占領しようと焦らず、すでに収めた土地をしっかり確保するようにすべきだ。というのも、五月二十五日に成立宣言した台湾民主国の将軍劉永福は、フランスとの戦争（一八八四〜八五年）において黒旗軍を率《ひき》いて戦った勇将であり、その作戦は容易に敵の侵入を許して油断させて置き、その背後を絶つというものだからである。

また、「討平後の処措」については、もし台湾を平定した後はこの領地から台湾人を駆逐《くちく》し、アヘン禁止令を出し、彼らに政治上の権利を与えない。以上のことに徹するのがよい。なぜなら、「我皇統《こうとう》の神聖なることを知らず及《および》我大和民族と歴史を同《おなじ》ふせざるものは台湾のごとき緊要なる領地内に住ましむべからず則《すなわ》ち早晩台湾人の足跡を台湾に絶《た》たしめざるべからず」だからである。

「対先住民」に関しては、旧支那人である台湾人と異なって、威と恩とをもってすれば御しやすく、格別追い払う必要もないと述べ、さらに次のように続ける。

其性情《そのせいじょう》の質朴《しっぽく》なる旧支那人に優《まさ》るものありと雖《いえど》も其人《そのひと》愚魯《ぐどん》教《おし》ゆべからず但之《ただしこれ》を駆逐《くちく》せんとするは旧支那人に対する如《ごと》き諸種の方策を用ゐるを要せず渠等《かれら》はアイノ人種

の如《ごと》くカナカ人種の如《ごと》く都《すべ》ての野蛮人の如《ごと》く優勝劣敗の大勢に駆《か》られて自然に滅絶《めつぜつ》すべし。

台湾人並びに先住民に対する林のこのような発言は、民族主義丸出しの過激な発言と思われるが、特に、アイヌ民族に対する認識は、北海道における明治新政府のアイヌに対する対応と五十歩百歩ではないか。自著『佐久間象山』で、象山が外国を侮《あなど》ったような言葉遣いは相手に対して失礼だと述べたことに対して敬意を示したのを林は忘れたのだろうか。いやむしろ、これは人権意識が未発達だった当時の一般的認識だったのかもしれない。

そもそも、台湾という所はどんな場所なのか。その風土は、その山河は、その道路状況は、その世帯状況は、衣食住は、住民の嗜好は、これらの疑問について林は全三回にわたって記述する（『台湾の特質』明治二十八年七月二十八〜八月二日付）。

林の紹介は自ら見知った台湾の、東は宣蘭、西は新竹という北部の一部に限定されるが、「之を要するに台湾を知らんと欲せば生活の状態は南支那風にして山河の形勢は日本風なりと想《おも》はゞ即ち既に十の九に達したるものなり」と要約する。

ただ、その中で山中には樟樹（クスノキ）は多いが、日本でいう良好な建築材は豊富でないようだ。そのせいか、農民の家は竹と椰子《やし》材とでできているという指摘は注目すべきであろう。大陸に渡る以前に、材木の輸出入という事業を志向していた彼の面目躍如である。

ところで、台北まで順調に戦況を伝えて来た林だが、台北から西へ向かうあたりからペンは滞《とどこお》る。伝えるべき戦況に欠けるからだ。

そんな中、六月十一日、軍は第二連隊第四中隊に新竹方面の偵察を命じる。その様子を紹介した「新竹県の偵察」（明治二十八年七月五〜六日付）は興味深い内容となっている。

というのは、この記事は偵察隊員の任務を帯びた川村参謀大尉の話を紹介する形になっているからである。

——軍の一行が進むにつれて軍に対する態度が悉《ことごと》く一変することに気づく。前方左右後方より射撃されることもあった。また、頭亭坑まで進行したので、そこから桃仔園へ伝騎《でんき》を放つものの、戻って来ないなどの状況が生じる。川村参謀大尉は鉄道沿いの道路だけでなく、山道を抜けて新竹へ通じるルートも利用するが、それもことごとく敵兵に射撃されてしまう。

六千メートル先に新竹城を望む距離にありながら、容易に進めない状況を把握した川村参謀大尉はついに偵察隊の任務は終了したと判断して退却を決意する。

このように、この文は、台北で日本軍が抵抗を受けて手こずり、さらに新竹辺りで、一層苦労する様子を川村参謀大尉の直話で紹介するというもので、貴重な一文となっている。

台北と新竹間は、桃仔園や中壢、頭亭渓、大湖口などの地で抵抗する敵を相手に、一進一退を繰り返し、六月二十二日に一応、新竹城を占領したものの、直後に逆襲を受けて司令部との連絡も途絶えるような有様であった。

その理由を、林はこう指摘する。道路が狭いため我軍は大人数での進軍ができず、逆にほとんど原住民が主力と思われる敵は百人以上の隊形を成すことが少なく、道路の両側とか、前後とか神出鬼没に現われて攻撃しにくい。また、偵察を出し、その結果を見て進軍するという方法では、先の情報がもはや役立たないほど敵の変化が激しいこともある。

このように、新竹以北の制圧に手こずった日本軍は、当初の作戦を変えざるを得なくなる。台湾南部に上陸して台南を占領する予定だった近衛第二師団を呼んで師団の総力を結集して北部の治安を確保し、そののち南進することとした。

樺山《かばやま》総督が大本営に兵力の増強を要請した結果、七月中旬から八月中旬までに混成第四旅団が加勢に加わり、台湾民主国側と対した。劉永福が十月十九日に大陸に逃亡して台湾民主国が崩壊し、十一月十八日に台湾鎮定を宣言したのちも、抗日軍との間で戦いは続いた。

従軍記事は『毎日新聞』の社告にあったように、権藤震二と一本松啓も筆を執っている。そのためか林の方はすでに見たように、彼らと一線を画した記事、すなわち台湾の歴史や将来、あるいは清国との関係、日本にとっての台湾——というようなテーマについて考察めいた記事を多く執筆している。

## 突如の帰国、一家で東京へ

明治二十八（一八九五）年七月九日、林は急きょ帰国した。養父政通《まさみち》が重病という知らせが届き、見舞いのためであった。この頃五十歳前後の養父はそれまで例えば、製帽や煙草屋、麦わら帽子製造、蚕種商など幅広く事業に従事した。それ以前は新聞発行も試みていたが、度々体をこわすようなことがあった。また、何回か住居が火災に遭うなどの不幸にも見舞われた。

七月十二日、林は広島へ着いたものの、検疫や参謀本部・大本営への報告等に手間取って長野に戻ったのは八月十日であった。養父は小康状態を保っており、親族会議の結果、これを機に一家を挙げて東京へ移住することとなった。住み慣れた信州を後にして上京。九月二十二日、本郷区森川町一番地表北裏六十九に移転、束の間ではあったが、林は妻子と同居する心の安らぎを得ることになった。ちなみに、当時五歳の長女・香、三歳の長男・政武《まさたけ》をもうけていた。翌二十九年四月には本郷区東竹町に建売住宅を買い求めた。従軍記者生活から平常の生活に戻った林は、台湾滞在最後の頃を回顧した文章を執筆する。『毎日新聞』の原稿用紙に書かれたこの回顧の手稿が活字になったかどうか、未詳である。というのも、手書き原稿は残っているのだが、それが掲載された新聞が見当たらないからである。あるいは、当時の台湾総督府や近衛師団を批判した文章となっているため、公表されると物議を醸す可能性があり、未発表に終わったのかもしれない。

台湾平定は、宣言時においてすら全土に及んでいなかった。その原因について、当時の新聞でも種々書かれており、総督府の汚職問題も何かと指摘されていた。

そうした状況下、林の一文（仮題「軍隊の運動、行政府の施設」）は、見聞した事例を紹介しながら、台湾において征戦が遅延したのは、近衛師団と総督府との責任が大きいと指摘した。

つまり、約四十日間、近衛第一旅団に従って台湾に留まった林は、原稿の冒頭、今もってここを平定できていないのは、かつて遼東半島で見せた名誉を台無しにするものであり、国の恥辱でさえある。その責めは、師団と総督府が負わねばならない、と書く。

以下、その発言を要約する。

まず、師団について、兵卒が他の師団と比較すれば、ひ弱との印象を以前から抱いていたが、それは節制訓練によっていかようにもなる。幹部の意思さえ堅固ならば、解決するだろう。

それよりも総督府が師団に対して後方よりなすべき仕事をしていないのが問題である。まず、遼東では必要な戸口調査を速やかに実施していた。行政府と通訳と憲兵とが一団となって調査をした。それが原住民の安心を招いた。ところが、ここの総督府では未だにそれが実施されていない。確かに地形的に困難を伴うかもしれない。しかし、見るところ役人は壁外へ一歩も出ていなかったようだ。

物資の運搬もスムーズに行っていない。というよりも、総督府の物が優先されて運ばれているとしか思えない。例えば、七月十八日の始政を祝う宴では、総督府の連中は絽《ろ》の羽織や仙甚平の袴《はかま》、礼服等に身をまとい、テーブルの上は葡萄酒、シャンパン、日本酒等で飾られていた。これはどういうことか。我ら記者六名の荷物は早くに陸揚げされたにもかかわらず、いまだに到着していない。野戦病院では三日間、薬品が欠乏したと

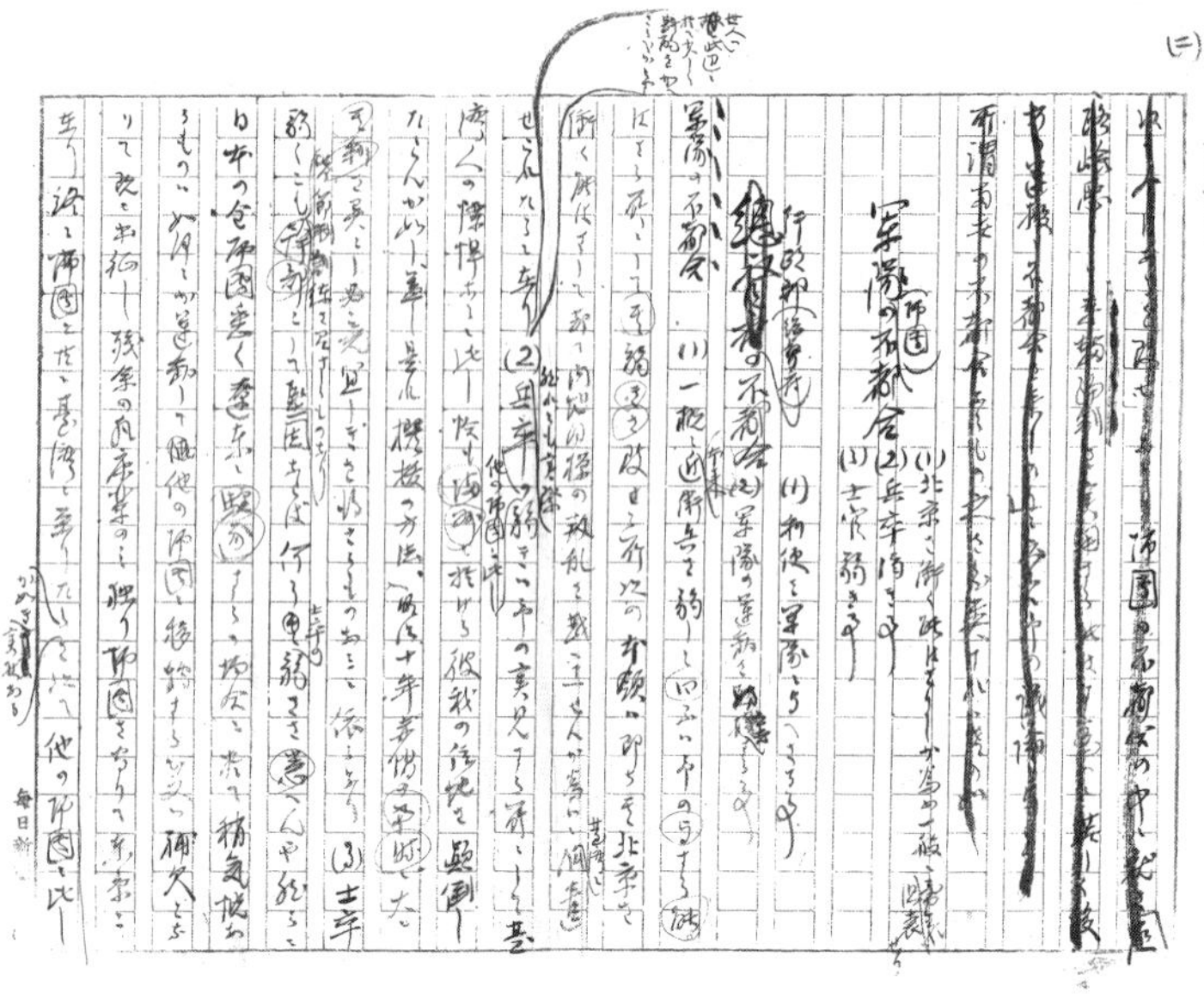

林の自筆原稿「軍隊の運動、行政府の施設」

いう。それもこれも、総督府が軍隊の運搬力を優先して利用していたためである。

　また、台湾の住民は先住民の襲撃に備えて何らかの武器を用意しているが、台北府役人は、その所有状況を調査すべく、その旨を掲示したが、期日前に各家を回ってその武器を買い占めた者がいたという。役人の対応が後手に回った例であろう。

　捕虜の扱いについて、担当の憲兵たちは殺したり、赦《ゆる》して解放したり、人夫として使用したり、処分の決済をするが、その仕事ぶりが不熱心なため、逃亡した者が多いのが実態である――等々。

林のこの一文は、七月下旬に東京か、長野で執筆されたと考えられるが、八月に入って樺山総督の要請によって状況に変化が生じ、結果的に林の指摘内容がかなり是正されるようになった。まず、軍隊の応援依頼によって第二師団から混成第四旅団の歩兵第十七連隊が七月中旬に、残りも八月中旬には到着した。

何よりも、林が憂慮したような民政組織だった台湾総督府が軍政組織となった。将兵と軍夫を合わせると約七万六千人規模を誇るようになった。その後、児玉源太郎が総督として就任し、後藤新平が民政局長となってコンビを組んで辣腕《らつわん》を振るうようになり、ようやく統治が安定した。

なお、林が帰国したのちも権藤と一本松の両記者はしばらく留まって積極的に取材活動を続けた。特に日本の農本主義思想家として著名な権藤成卿《せいけい(せきょう)》（一八六八年生）を兄に持つ権藤の行動は注目すべきである。彼は林の「図南漫録」に並ぶ「南征日録」を紙面に連載していた。また、「土匪蜂起事情」（明治二十八年八月七日付）に見られるように総督府が手こずる現地の匪賊《ひぞく》については独自の見解を持っていた。

明治28年3月に撮影された写真。後列右が政文、前列右が権藤。前列左は後に「富山新聞」編集長となる小泉左右治

権藤は『毎日新聞』を辞職して台湾雲林支庁職員に就いた。明治二十九年のことである。その辺りはまだ総督府が手こずっていた場所であり、そのために水野遵《じゅん》民政局長は彼らに招降《しょうこう》の条件を提示したが、その内容に大憲を破るものがあるとして彼は即座に辞職してしまった。

権藤は金沢にやって来た。この間の事情は定かではないが、林を通して赤羽萬次郎を知っていたとも思われる。赤羽も彼の『台湾実況』（明治二十九年四月刊）に目を通して筆力を認めたのだろう。赤羽は弟より年下の彼に目をかけ、主筆に抜擢《ばってき》した。募る病勢への不安もあったろう。権藤もそれに十分応えた。

明治三十一年九月の赤羽の死去に際しては社員総代として見送り、まもなく『富山日報』主筆となり、さらに上京して『二六新報』記者となった。明治三十四年、日本広告の創立に参加して「電通」の前身の日本電報通信社取締役となって活躍する。また、同じ頃に設立された国家主義的結社の黒竜会にも参加した。

話は戻るが、ようやく安定した生活を求めて林一家が入居した東竹町の家も二年後の明治三十一年三月二十二日、春木町からの一帯十一ヵ町、千四百七十八戸をことごとく焼き尽くす火災の類焼にあって灰となってしまった。しかし、林はこの火災のことを知らない。日本にいなかったからである。

林は台湾に滞在していた。一家が東京へ移住して間もなく、以前からの事業欲が再び頭をもたげた彼は、台湾の将来性に賭けようと決意していたのである。

# 第六章　北國新聞社第二代社長

いったい、林は台湾でどんな事業を志そうというのか。

そもそも「台湾の価値」（明治二十八年八月七日付）において、林は、台湾を中国が手放した国の一部と見るよりも独立国として扱うのがよい、中国にすれば厄介払いをしたことになると認識するべきだ、しかし、我が国にとってはここを拠点にどこへでも進出できる、と述べていた。

いずれにせよ、台湾は未知の国である。だからこそ、事業のやりがいがある。しかし、資本金を持たない林にすれば、組織に属して力を蓄えるのが先である。本来の材木の輸出入業のことはさておいて、まずは、手始めに実業のイロハを実地で学んでみようと考えたに相違ない。

そのような考えを持つ人間は勿論、彼だけではなく、日本領に帰した台湾を絶好の市場と見込んだ人物が、多数この頃押し寄せた。例えば、慶応三（一八六七）年、富山県氷見市に生まれた中辻喜次郎は、国内だけの販路に不満を覚えていたので、早速行動をおこす。ありったけの金で種々の雑貨を仕入れて基隆へ向かい、先輩浅野総一郎の名のもとに持ってきたものを完売するとともに盛進商会なる会社を立ちあげて成功を収め、以後も台湾経済界で活躍する。

台湾が有力な地であることを知った浅野総一郎、佐藤里治《さとじ》、関野善次郎らは、早くも明治二十八（一八九五）年、台湾興業合資会社を興して、苗栗に拠点を置き、活動を開始した。当時、台湾貿易株式会社に次ぐ資本金を誇った会社である。

浅野総一郎（一八四八年生）は富山県氷見市出身。渋沢栄一の援助を得て浅野セメントや東洋汽船を興し、のち東京横浜間の海岸部の開発に尽力した。学校（浅野学園）を設立するなど教育にも力を入れた。佐藤里治（一八五〇年生）は山形県西川町出身、第一回衆議院選に当選し以来八回当選、台湾銀行の開業と同時に創立委員を務めた。関野善次郎（一八五三年生）は富山市出身。佐藤同様、第一回衆議院選より議員として活躍した。

このように、台湾興業合資会社は政治家と実業家が組んで作った会社であった。林はそこへ高等商業学校入学時と同様に丸山名政《なまさ》の紹介で入社することになり、現地へ向かう。十月十一日に東京を発った。

同社には浅野総一郎と同郷で、浅野の次女マン（一八七七年生）の夫の白石元次郎

明治 30 年、台湾での林政文

（一八六七年生）や浅野の姪と結婚した広瀬鎮之（一八六四年生）も入社していた。白石は明治二十五年に東京帝国大学を卒業し、翌年、設立されたばかりの浅野石油部本店の支配人を任されていた。のち日本鋼管初代社長に就く。広瀬は当初、東洋汽船に勤めていたが、のち樟脳《しょうのう》製造会社や日本電気興業などに関係し、衆議院議員も務めた人物である。明治二十九年五月、林が二度目に渡台する時、この広瀬も同道している。

先にも多少述べたが、林が再び台湾を訪れた折の状況について確認しておく。総督府は、清時代の劉銘伝《りゅうめいでん》（台湾省初代巡撫《じゅんぶ》）の路線を引き継ぎ、近代化政策を継承する。つまり、鉄道や道路、港湾の建設と拡張、度量衡《どりょうこう》制の導入や貨幣の統一、樟脳《しょうのう》や塩、酒、煙草等の専売制度の制定を推進した。一方で、その方法として住民の殺戮《さつりく》と相互監視制度導入等を採用し、また、有産階級を取り込んで政策の円滑な進捗《しんちょく》を図った。

しかし、住民の抵抗はなお根強く、明治二十八年十一月にいわゆる「平定宣言」をしたが、年が明けた一月には大本営に軍隊の増援を要求しなければならない有様であった。台湾南部や東部、さらに山岳地帯は未占領の状態であった。

林が台湾を再訪したのは、このようにいつ抗日勢力による襲撃があるかもしれない危険な状況のさなかであった。それでも、将来有望な地と見込んだ林は事業欲を満たすべく、台湾を訪れたのである。会社は、新竹県大湖地区の撫墾署管内の未開地の経営に着手し始めたところであった。

その事業内容について林は、苗栗弁務署長の鳥居邦知宛に「具申書」を神尾敬吉との連名で提出している。その概要を以下に紹介する。

先住民の扱いはいわゆる　撫（かわいがる）、勦《そう》（滅ぼす）、和（なかよく）の三策に基づいて従来は順調に行っていた。ところが、今回の戦争によってその対策にあたっていた隘丁《あいてい》（兵勇）という警備兵が沿海の警護に赴いたため、残されたのはわずか四十名弱。日本軍も大湖に守備一小隊を配置したものの、それでは不十分で、ために先住民は好き放題な行動をし、強奪や殺人まで犯す始末である。このような状態に住民や地主も困惑しているが、自分たちで解決するという気もない。

そういう状況に対して憤慨に堪えない台湾興業合資会社は、総督府に隘寮《あいりょう》（番小屋）の官費維持を請願したが、認められなかった。次に、撫墾署に対しても同様の補助を願ったが、色よい返事はなかった。

会社の目玉とする事業は一言で、山間部を根城にする抗日ゲリラの侵入を防ぐバリケードを築くものである。抗日ゲリラの存在は、総督府にとっても、それに寄り添って事業を展開しようとする現地経営者にとっても極めて迷惑な存在であり、それを防御できるとすれば多少の出費は厭《いと》わないというのが本音であった。

会社は未開地に接する台湾の住民を保護するべく、山あいの見晴らしが効く場所を選んで、隘寮と呼ばれる番小屋を作った。それを、四方監視できる場所に二町（約二一六メートル）ないし五町（約五四〇メートル）おきに建て、小屋には銃を帯びた壮丁《そうてい》（青年）が二名ないし五名常駐する。これを将来は、南北、東西に延長する。これによって住民はこの地域の重要産業である樟脳《しょうのう》やラミー（繊維を得るための多年生植物）の生産に安心して励むことが可能になる。

この事業は、単に義捐《ぎえん》的に実行したものでなく、経営上のことを考えてのことである。

とはいえ、公共的性質を帯びたもので、全くの私人的なものではない。かつ、費用にしても膨大なもので、到底一個商事会社で支払えるものではない。これまで要した創業諸費や隘寮《あいりょう》建築費等は、すでに本社が支払っている。具体的には、総額五千八十円である。

しかし、今後の隘寮線を維持する費用に関しては、次の方法によって支払いを考えねばならない。つまり、壮丁の給料、障害補償、弾薬費等だけで毎年千二百九十六円の維持費を要する。これら以外に、将来の隘寮増設の費用が入用である。これをこのように提案したい。
1　官庁は幾分を支払いすべし。
2　一般公衆と我会社とは官庁の支出あるなしに拘《かか》わらず各平等に出費すべし。
一般公衆は従来も負担していたが、今回はその半分で済むし、もし、我社が手を引けば先住民の危害を確実に受けるが、続ければ安心して正業に専念でき、その結果、政府の収入も増加する。

もちろん、一般公衆は戸別負担にすべきか、田園地区だけの負担にするべきか、人頭割りにするべきか、それぞれ一長一短あり、各村落に一任するのがよい。

我会社は、将来、隘寮を次第に増加させる。東西南北、その地域を拡大していくが、将来は、北は汝水河に到り、南は罩蘭河《とうらんか》に至ってこの事業を完成とみなす。

（『北國新聞』明治三十年十二月二十一～二十三日付）

「具申書」で述べるように、この手の事業は本来、公共的なもので、一私企業がなすべき性質ではない。また、台湾統治が順調に進めば不要になる、過度的なものである。しかし、急を要する事業であり、会社が着手したのであった。

その後、林は台湾内の基隆や台南、打狗（現・高雄）等を転々としながら、会社の業務をこなした。翌明治二十九年四月二十六日、一時東京に社用で戻り、五月二十四日には再び渡台。その翌年四月三日に一時帰京した。この時は会社も順調に進展し、賞与千二百円を授与されている。この頃の蕎麦が一杯一銭八厘とすれば、現在四百円として賞与の千二百円は、およそ二千七百万円相当になる。

林は、さらに浅野の近親者が働く同社において、彼らを凌ぐ仕事ぶりが評価され、明治三十年五月には支配人を命ぜられるに至った。

とはいえ、彼が再び台湾にやってきた当初は総督府の台湾経営も容易に進捗《しんちょく》せず、第四代総督児玉源太郎と民政局長後藤新平の着任を待たねばならなかった。二人が基隆の港に着いたのは明治三十一年三月末のことである。

彼らはまず、行政組織のスリム化を進めると同時に、ヘッドハンティングによって有能な人材を集めた。次に、事業を推進するために公債の発行を政府に認めさせ、台湾銀行を設立した。こうして、インフラ整備に心掛ける一方、土地改革を行い、事業を起こした。例えば、三井財閥の協力を得て明治三十三年に設立した台湾製糖株式会社がその一例である。

もちろん、住民に抵抗があるアヘンも時間をかけ少しずつ禁止政策を進めたほか、老人対策や教養人対策、勲章を授ける神章などの懐柔政策、匪徒《ひと》刑罰令の導入などによって一層の平定に努めた。こうして明治三十八年度以降、会社は政府からの援助金も受けることがなくなった。

## 赤羽萬次郎が北國新聞を創刊

しかし、台湾の眼を見張るような変貌ぶりを林は体感することができなかった。というのも、彼は明治三十一（一八九八）年八月に次兄の赤羽萬次郎危篤の報を受けて、金沢へ帰らざるを得なかったからである。

林政文の次兄・赤羽萬次郎

林より八歳上の萬次郎は、明治十二年十一月に士族川口鏡次郎の養子となり、川口萬次郎の名で松本の奨匡社《しょうきょうしゃ》という団体に設立時から加わり、自由民権運動に参加した。この時小学校教員をしていた彼は、いつどのようにして身に付けたかは不明だが、英語が達者であった。地元紙『松本新聞』や雑誌『月桂新誌』等に熱心に投稿するとともに、演説会で雄弁を振るった。

そういう活動が教師との二足の草鞋《わらじ》では到底務まるはずがないと自覚した彼は、教師を辞した。ほぼ同時期に『信濃日報』の編集長となり、言論活動に専念するようになる。また、明治十四年五月に川口家から離籍し、六月に平民赤羽長次郎の養子となり、赤羽姓を名乗る。

明治十三年十一月、奨匡社の代表松沢求策らが参加し東京で開かれた第二回国会期成同盟大会の終了後、自由党準備会が発足した。赤羽の『信濃日報』もそれに呼応した活動をみせた。自由党は明治十四年十月に、そして立憲改進党は翌年四月にそれぞれ結成され、奨匡社《しょうきょうしゃ》社員でも、自由党に入党しなかった者が後者に入党した。

明治十四年七月、赤羽萬次郎は上京して青木匡《ただし》の紹介で沼間《ぬま》守一社長と面会して『東京横浜毎日新聞』の記者となった。同紙は、沼間守一（一八四四年生）が『横浜毎日新聞』を買い取って東京・京橋に本社を置いたもので、彼は同紙にかかわる一方、東京府会議員としても活躍していた。彼自身は当初、自由党創立委員を務めていたが、主宰する嚶鳴社《おうめいしゃ》社員とともに立憲改進党に参加した。赤羽が自由党から立憲改進党に移行したのも彼の行動に従ったからと思われる。

赤羽は社主沼間に文章や演説の仕方等を鍛えられ、関係する『嚶鳴雑誌』や『東京輿《よ》論《ろん》雑誌』に熱心に投稿し、さらには、肥塚龍《こいづかりゅう》や、島田三郎、高田早苗、犬養毅《いぬかいつよし》、尾崎行雄等々の先輩に導かれてジャーナリストとしての資質を向上させていった。

こうして、赤羽は記者として活躍する一方、政治演説団体として知られた嚶鳴社社員として全国を演説して歩いた。特にその演説は巧みで世間から注目された。当時、粟田信太郎がまとめた『明治演説評判記』（明治十五年十月刊）には、福沢諭吉や植木枝盛《えもり》、尾崎行雄ら五十二名に交じって赤羽萬次郎の名が記されている。

赤羽は、ジャーナリストとして『栃木新聞』（明治十五年二～五月か）や大阪の『内外新報』（明治十八年）、『信濃毎日新聞』（明治二十年一月～十二月か）等を渡り歩いたあと、明治二十一年三月、金沢の北溟社《ほくめいしゃ》が発行する『北陸新報』主筆としてやってきた。

『北陸新報』は、明治四年に創刊した『開化新聞』の流れを汲み、途中幾度か紙名を変更している。紙面刷新、特に政治方面のそれを期待して有能な主筆をスカウトするべく、真館貞造《またちていぞう》（北溟社社長）と直江三吉郎（同社員）の両名が六日かけて上京し、滞在十数日にしてようやく赤羽を迎えることに成功した。

ここで、赤羽が着任した当時の金沢の状況を見ておく。

維新後、城下町であった金沢の衰退ぶりは目を覆うものがあった。維新直後は全国でも有数の人口を誇った金沢も明治末年まで減少の途をたどっていた。理由はいくつか挙げられよう。積雪が多いという気候のハンディ。東京や大阪など大都市との距離。中でも、鉄道の整備が遅れたことは大きい。当初、主要師団が設置されていなかった金沢は、軍隊と深いかかわりがある鉄道の敷設はどうしても後回しになった。

例として、明治二十三年、泉鏡花が作家を目指して上京した時は敦賀まで人力車などを使って一泊、そこから汽車で新橋を目指していた。その二年後、徳田秋声が上京した時は、直江津まで徒歩、そこから汽車に乗って長野で降り、再び徒歩でトンネル工事中の碓氷峠を越え、高崎からまた汽車に乗って上野に着いた。金沢を経ってから五日目であった。

ちなみに、明治三十二年三月に敦賀以北から富山まで北陸線が開業した。富山から直江津経由で上野と直通したのは大正二（一九一三）年四月である。

このような地理的条件の不利だけでなく、士族が多くを占める金沢では、特に秩禄《ちつろく》支給停止等によって士族の生活はより窮乏を極め、町も活気を失う。

明治二十九年八月、『毎日新聞』の横山源之助（一八七一年生）が出身地富山県魚津に立ち寄った折に金沢まで足を延ばして、病床の赤羽を見舞い、彼の紹介で篤志家の小野太三郎と会う。

横山が同紙に掲載したルポルタージュは代表作『日本の下層社会』（明治三十二年刊）にまとめられた。該当書には所収されなかったが、同じ時期に見聞したものに「金沢瞥《べっ》見記《けんき》」（明治三十年六月二十三日付『毎日新聞』）がある。

ここでは、この頃の金沢の衰退ぶりが見事に紹介されている。

——町の様子は百万石の金沢も十万石の富山も変わりないといい、女郎と巡査と小学校教師の十分の七、八割までが金沢の出だと指摘する。つまり、そのほとんどが士族で占めるということだろう。

とはいえ、百万石の城下町として蓄積された工芸や教育に関する活動は盛んで、明治七年には早くも博覧会が開催され、以後、諸工芸が発展する契機となった。明治二十二年開校の石川県工業学校もそれに寄与し、第四高等中学校の開設も以後の学都金沢の魁《さきがけ》となった。

自由民権運動も各地同様に盛んで、小学校教師が中心の松本と違って、金沢は士族が主軸であった。忠告社や精義社、盈進社《えいしんしゃ》等の結社があり、『北陸日報』等の新聞が発行された。

石川県内には、明治四年十二月に発行された『開化新聞』があり、それは三十二号から『石川新聞』と改題され、その後『加越能新聞』へと引き継がれた。明治十四年県会議員河瀬貫一郎が関与し石川改進党に買収されてからは、さらに『北陸新報』と名を改めた。

一方、その政敵である遠藤秀影が肩入れした石川自由党は対抗して『北陸新聞』を明治二十年に創刊した。

両紙は以後、凌ぎを削る。赤羽が招かれたのは、まさしくそのような状況においてだった。

赤羽は改進党系の『北陸新報』のためにこれまで以上の活躍を見せた。例えば、県会議員の選挙の際、定員が三十一名中、中立と改進党系が十名足らずであったため、彼は各郡を応援遊説して歩いた。その時、抜刀やピストルなど暴力行為による妨害を受ける。それにもひるまず演説を続けたが、選挙の結果、改進党系の議席数は変わらなかった。

明治二十五年二月の第二回臨時総選挙は、品川弥二郎内務大臣の指示によって民党への大弾圧が公然と実施されて全国に多数の死傷者を出した。石川県内では特に石川郡に選挙妨害がひどく、士族を中心に結成された民権運動の流れを汲む旧盈進社《えいしんしゃ》の連中は日本刀や仕込杖を持って暴力をふるった。

のちに『北國新聞』に論文や小説を発表する桐生悠々《きりゅうゆうゆう》は、松任在住の警察官の兄を訪ねた時に、この暴動の目撃談を『桐生悠々自伝―思い出るまま・他』（昭和四十八年刊）の中で語っている。

かつて『栃木新聞』時代の赤羽を田中正造（一八四一年生）が「萬次郎は沈勇にして

思慮深く且《か》つ才略あり、而《しか》して義を好む人なり、弁筆二つ皆備はりて」と述べたように、赤羽も言論の自由が封じられる状況に敢然《かんぜん》と戦い、『北陸新報』を守った。

この臨時選挙だけでなく、前述の県会議員の選挙や『北國新聞』創刊の祝福にかけつけた島田三郎、高田早苗の演説会においても、赤羽は暴力で妨害を図るという北陸の後進性を見せつけられた。しかし、彼はそれらに落胆することなく、ひたすら言論の第一義を説き、主張し続けた。そのような姿を見た記者仲間や読者たちは彼に好意を抱き、信頼を寄せるようになった。

初の国会議員選挙の直前、明治二十三年四月下旬に赤羽は初めて喀血《かっけつ》をみて、その死に至るまで病魔との長い付き合いが始まることになる。病を相手にしながら県民のために紙面を通じて第四高等中学校の廃止反対の論陣や、北陸線の急設等を強く訴えた。県民の要望に対しては改進党も自由党もない、というのが彼の主張であった。

しかし、『北陸新報』在社も四年が経ち、赤羽はようやく金沢の多雪多雨の気候に慣れた。ちょうど民党の大同団結が中央で話題になりつつある頃、そうであれば、取り敢えずは現在の大所帯の方に身を置こうと考えた社の管理者河瀬貫一郎以下、社員がそろって自由党に移籍した。それも赤羽の留守中に、である。明治二十六年四月、彼は体調を崩して東京の赤十字病院に入院していたが、ほどなく退院すると、東京・大森で演説会に臨んだ。自由党移籍はその間の出来事であった。

河瀬らの行為を認めがたい赤羽は、明治二十六年六月十日の『北陸新報』紙上に「辞任退社の辞」を掲げた。

> 北溟社《ほくめいしゃ》の管理者河瀬貫一郎君は、去月上旬を以《もっ》て自由党に加入したり、北陸新報編集員も挙《こぞ》つて自由党員となれり、而《しか》して此事《このこと》たる、予《よ》が東京又は大阪に公事を以《もっ》て奔走《ほんそう》しつつある間に発《はっ》せり、予は去月中旬帰県して始めて之れを聞き少《すこ》しく異《い》とする所ありき、何となれば、諸君が従来の行動に相違するものあればなり、然《しか》りと雖《いえど》も、予が多年諸君の知を辱《かたじけな》ふし、諸君を信ずること厚《あつ》き眼《め》を以《もっ》て之《こ》れを視《み》れば、諸君の此挙《このきょ》大《おおい》に考《かんが》ふ所ありしより出《い》でたるなるべく、畢竟《ひっきょう》民党合同の大方針を進めんとの意思より致《いた》せりとすれば、予も亦《ま》た強《あなが》ち之《こ》れを競《きそ》ふべきにあらず、然《しか》りと雖《いえど》も、管理者を始め諸君已《すで》に自由党に加盟せるからは、今後北陸新報の方針

を如何《いかん》すべきや、北陸新報の方針は民党合同に一致すと雖《いえど》も、六年前に於《おい》て北溟社《ほくめいしゃ》が中興《ちゅうこう》の基礎を固《かた》めし成立を顧《かえり》みれば、北陸新報は改進党の政敵たること能《あた》はず、然《しか》るに諸君にして已《すで》に自由党員たるからは其《その》党に忠《ちゅう》せざるべからず、其党に忠するの精神を以《もっ》て、自由改進両立せざる場合に当《あた》らば、之《これ》を如何《いかん》すべきや、予は此《この》場合に処《しょ》して大《おおい》に進退に究《きゅう》せざるを得ず、予は固《もと》より有形なる既成の政党を是認《ぜにん》するものにあらず、然《しか》れども予が此地《このち》に招聘《しょうへい》せられ、此新報《このしんぽう》に主筆の印綬《いんじゅ》を托《たく》されたる以来の徳義《とくぎ》を思へば、予《よ》は予の良心に問《と》ふて、此《この》社を退《しりぞ》くの可《か》なるを認めざるべからず……。（以下略）

主筆の自分を置き去りにして、社の本質と行方にかかわることを勝手に決定したことへの怒りを極力抑えて、「徳義」を最優先する赤羽の筆致は、極めて理性的、論理的で、かつ、北溟社《ほくめいしゃ》や『北陸新報』に何の未練を感じさせない冷静なものというべきである。文章の後半は、社員一同と読者への謝辞を述べ、赤羽の大人《たいじん》ぶりを物語る。

赤羽は、北陸新報社退社後すぐに新しい言論活動の舞台を作り上げた。それが『北國新聞』である。彼は社長と主筆を兼ねた。明治二十六年八月五日のことである。実弟政文の評伝「佐久間象山」第一回が、その創刊号に花を添えたことは前述した。

社を立ち上げるには少なからぬ資金が必要であり、手足となる信頼すべきスタッフが不可欠である。二カ月という極めて短期間にそれを成し遂げたということは、赤羽という人間が信用され、魅力ある存在でなければならない。県内外にそれが求められ、認められたということだ。

具体的に述べる。

『北陸新報』の同僚だった高桑盛元編集長、かつて「嚶鳴社《おうめいしゃ》」の仲間だった高木正年《たかぎまさとし》（一八五七年生、この時衆議院議員を務めていた）、『東京毎日新聞』の柵瀬軍之佐《さくらいぐんのすけ》（彼は林政文と同時期に従軍記者を務める）らが赤羽を助けた。東京からは、記者時代の先輩である島田三郎（一八五二年生、この時東京毎日新聞社社長で衆議院議員）や、高田早苗（一八六〇年生、この時衆議院議員でのちに早大二代総長）が金沢にやってきて講演会を催した。また、地元の真館貞造（北溟社社長）、実業家の浅野順平らが財政面の助力を惜しまなかった。さらに、肝心の印刷機の調達に遅れが生じたものの、かねて抵当になっていた新聞社の印刷機で急を凌《しの》げたという幸運もあった。

北國新聞の社是として「わが北國新聞は公平を性とし、誠実を体とし、正理を経とし、公益を緯とす」「わが北國新聞は、超然として、党派外に卓立す」と掲げられたのは、その経緯から観ても当然であった。

赤羽は、政治以外の各分野にわたり細かく目配りし、それにふさわしい人材を多数スカウトし、発掘して多彩な紙面づくりを試みた。

例えば、「わが北國新聞は向後ますます気焔《きえん》を吐き光彩を放たんがため文芸、小説、政治、経済、法律に有名なる忍月居士、法学士石橋友吉君を聘《へい》して編集顧問とせり」との社告を出し、東京で森鷗外との間に文学論争を交わして著名だった石橋忍月《にんげつ》を編集顧問として招いた。

石橋忍月（一八六五年生）は、東京帝国大学法科大学（現・東大法学部）在学中から気鋭の文芸評論家として著名だったが、明治二十四年七月に同大を卒業後は内務省の役人になった。しかし、短期間で辞職（明治二十五年十一月）、明治二十六年半ばには『北陸民報』編集局長として富山に居住していた。この間の事情は不明ながら、富山赴任前後に、赤羽が主筆を務めていた『北陸新報』で小説を掲載している。

ということは、この当時から両者に何らかの面識があったと推測される。おそらく、忍月が『北陸民報』を退社するとの情報を得た赤羽が『北國新聞』に入社を勧誘したのだろう。百号（十一月十八日付）を迎える『北國新聞』を、自由党系のライバル紙と差別化するために、さらに言えば、病がちな自分の片腕の役をも期待して赤羽は、多能多才な忍月に白羽の矢を立てて招聘《しょうへい》したと考えられる。

その期待に応えるべく忍月は百号記念の「挨拶《あいさつ》」執筆を皮切りに、以後、時事評論や小説、文芸評論などで紙面を飾る活躍をみせた。中でも明智光秀を描いた「惟任日向守《これとうひゅうがのかみ》」（明治二十七年）は代表作である。千葉眞郎『石橋忍月研究』（平成十八年刊）には、その文業を可能な限り調査した報告がある。

忍月は、明治二十七年末に退社した後も弁護士開業のかたわら、客員として『北國新聞』に原稿を寄せた。

彼が石川を去ったのは明治三十年十月で、その間、名家横山家の長女翠《みどり》と再婚してのちに文学者として名を成す山本健吉（一九〇七年生）らをもうけた。上京後の彼は再び文壇とかかわるものの、明治三十二年に長崎へ移住後は判事や政治家として活躍し、文学活動とは次第に縁遠くなる。

忍月が三十歳前後の、一年ほどの金沢時代を「製糞器」（何の役にも立たない人間）に過ぎないとみるか、ターニングポイントとみるか。その自己評価はともかくとして、彼の活動ぶりが読者によい刺激を与えたことは間違いない。また、四高時代の桐生悠々《きりゅうゆうゆう》（一八七三年生）の才能を見込んで紙面を提供し、育てたことも特筆されてよい。桐生は赤羽同様に『信濃毎日新聞』主筆をはじめ、ジャーナリストの道を歩んだ人物である。

なお、忍月の後任の編集主任に得能文《とくのうぶん》（一八六六年生）が就いた。彼は哲学者で、四高などの教師を務めた。

『国文学全史・平安朝篇』等の業績を残した国文学研究の祖・藤岡作太郎（一八七〇年生）とは『北陸新報』時代からの知り合いで、その文筆の才能を認めた赤羽は引き続き紙面を惜しみなく提供した。

また、正岡子規らの『日本』派俳句グループ「北声会」に紙面を与えて、全国的にも有数の新派俳句の拠点たらしめたこともあった。東京で活躍する、金沢出身の作家泉鏡花の作品も掲載した。

このように政治以外にも興味をもっていた赤羽だが、自身も演劇改良に早くから関心を抱いていた。自由民権運動に参加していた明治十六年頃の『東京輿論《よろん》新誌』に演劇改良についての文章が掲載されている。「稗史《はいし》講談演劇改良ノ意見」(一四一号)、「稗史講談演劇ノ改良ヲ論ジテ世ノ稗史講談演劇ニ従事スル者ニ謀《はか》ル」(一四四号)等には、政治思想と共鳴させる手段として、演劇を利用しようという考え方が主張されている。当時、小説や講談も同様のツールにしよう、という考えがあって、いわゆる多数の政治小説が発表された。

外国や日本の偉人・義人の伝記に、寓意《ぐうい》を含ませながら適当に脚色した演劇を鑑賞することによって、観客である「人民」も「忠君、愛国、自由、民権ノ何物タルカ」を知ることができるという赤羽の主張は、演劇本質論の萌芽《ほうが》でごく初期のものとして注目すべきだろう。

赤羽の演劇への興味と関心が『北國新聞』創刊百十五年を記念して開館した「赤羽ホール」に結びついている。

赤羽は社長兼主筆としてだけでなく、依然、改進党の有能な弁士として各地を遊説して歩いた。

赤羽と八歳年が違う林はその兄からどのような影響を受けたのだろうか。まず、兄が松本市内で、自由民権運動家として弁舌巧みに活躍していた頃はどうだったろうか。就学前の林に内容が理解できるはずもない。同市内で祖母に連れられて同様に自由民権運動の弁舌会場へ赴いた木下尚江（林と幼なじみ）も当時はまだ内容がよく分からなかったと語っている。

林が東京の英和学校を終えて兄赤羽が経営する英語塾を手伝った時は二十歳。兄赤羽は『信濃毎日新聞』主筆であり、当然その記事には目を通し、それを介して社会へ向ける目を養っていったと考えられる。その後、赤羽は北陸へ赴任し、林は兄らの強い勧めがあって高等商業学校で学ぶ。『北國新聞』の創刊以後、弟の林は東京在住の通信員という資格で同紙に自由に投稿できた。

その投稿原稿で、特に孔子について言及したものは注目に値する。内容は既に紹介したが、林は生涯を通して中国史における孔子の存在を重視していた。日清従軍記者時代にも「孔子の『国家的観念』」（前記『毎日新聞』）を発表していることでも判明する。概要は次のようである。

――春秋戦国の時代、孔子は群雄割拠《ぐんゆうかっきょ》の状況を観てこれを統一する必要を考えた。なぜならば、諸侯を統一して堅固な国家を作らなければ、民の生活は安定しないし、外夷《がいい》も侵奪《しんだつ》するからである。孔子の主義は平民的であり、世襲制度や階級制度を彼は無視する。盛徳ある者だけが王者になることができる。

孔子が自ら王者たろうとするにも無理はないが、彼はそれができない状況だと認識し、『春秋』を作ることでそれに替えようとした。これは孔子の政治上の意見を形式的に発表したものであるが、特に夷狄《いてき》を論難攻撃した点に注目すべきだ。それには理由があった。創始以来、中原には夷狄の侵入が相次ぎ、それとの戦いの繰返しであった。清の時代までそれは続く。「中華」「中国」という鮮明な旗幟《きし》の下に散漫な漢人種を団結して外狄《がいてき》を排斥《はいせき》する思想を鼓吹《こすい》し、一種の国家的観念を作り出したのが孔子である。

しかし、彼のこの思想は理解されず、民主政治も誰にも会得されなかった。もし、孔子が漢人種の状態を見たならば、歔欷流涕《きょききりゅうてい》（鼻水を垂らして泣く）を禁じえないだろう。

とはいえ、これまで新王朝が何度か誕生して民を安堵《あんど》させ、一概に外夷を排除した。特に、宋の時代には、漢人種の文化を国の四方に及ぼして東洋の文明を作ったのは、孔子の余慶《よけい》と言わざるをえない。

今、正に滅ぼうとする清朝がいわゆる外夷であることに変わりはない。民は恒心を失い、四億の人口中、少なくとも三億の人口は国家をもたない漂泊民である。

この文章は専門家から見れば、いくつも異論があるだろう。例えば、孔子が王たらんとしたこと、『春秋』の作者であること、その中の記述に基づくこと、堯舜《ぎょうしゅん》の王位継承を信じていたこと等々（堯と舜は中国古代の伝説上の帝王。徳をもって天下を治めた理想的な帝王とされる）。

しかし、その異論を今ここでは問わない。それより、彼がこのような独自の解釈を持っていたことを知るほうが肝要である。特に、孔子を民主主義あるいは平民主義と考えて、そういう清国を彼は好意を持って見ている。この点は、彼の兄赤羽萬次郎と比較してみると、明白である。

赤羽が奨匡《しょうきょう》社《しゃ》社員として政談演説をした中に「堯舜死せずんば民権のびず」というのがあるが、その意味は窺《うかが》い知れない。ただ、赤羽の「立国立教の主義」（明治二十八年二月十一日付『北國新聞』）で、彼は次のように主張している。

——日清戦争においては、我軍が連戦連勝なのに対して、清軍が日一日とその堅塞要鎮を失っているのはなぜか。その原因の一つに、国体の懸隔《けんかく》や立国立教主義の違いがあるのではないか。例えば、支那では孝を第一義に忠を第二義に置くという。孔子の発言を種々調べてもそのように記してある。また、民を重し、君を軽しという考えらしい。この二つの考えが清国連戦連敗の主因と考えるべきである。

これに対する我軍は、忠を以《も》って立国立教の第一義とする皇国であり、君は神世以来の神胤《しんいん》にて無論神種《しんしゅ》に渡らせられ、臣民は則《すなわ》ち神祖以来の聖恩《せいおん》に沐浴《もくよく》し来たれる民族である。連戦連勝も偶然ではない。

実は、このような考え方はすでに十数年前に示されていた。「日本魂ノ説」（明治十四年十二月『嚶鳴雑誌《おうめいざっし》』）がそれである。この中で、赤羽は、日本魂とは皇国特有の忠愛心にほかならないという。それは、平気で君主を変えてしまう他国と異なり、神武天皇より連綿として続く皇統に対して忠義の心は自ずから溢然《いつぜん》と懐裡《かいり》に充満している。その日本魂は国家安寧の時は光輝を放たないが、あの弘安や維新の際にはそれが現れた。

――今日の我が国は、外国に虎視眈々《こしたんたん》と狙われ、国会も開かれず、国憲も定まらない状況にあり、今こそ日本魂を発揮すべき時である。

このような考え方の赤羽であるが、孔子の政治を民主主義と述べ、林は平民主義と認識していて、その点は同様である。ただし、兄はそれが望ましい姿とは決してとらえていないのに対して、弟は清に至るまで、かの国は孔子時代からのその姿が持続されていない点にむしろ問題があると考えている。

話は戻るが、進学や就職などの節目節目で、林は兄赤羽の親友や知人の紹介を得て希望が実現している。兄には感謝してもしきれなかったはずである。

このようにしてみると、確証はないものの、弟は兄から物的精神的援助を得ていたと言える。

ただ、決定的に異なるのは、弟には実業家としての道、さらには、後述する革命志向の生き方が備わっていたことである。両者は三十代で生を終えた点は共通するが、片方は病、片方は道半ばでの非業の死を遂げた。

## 赤羽死す

さて、生来丈夫でない赤羽の身体が、当時の過密なスケジュールや新聞社経営のストレス等によって疲れを蓄積し、病魔を呼ぶ隙《すき》を作ったのか、明治二十七（一八九四）年末にはまたも健康を損ねるようになり、「引籠《ひきこも》り療養中《りょうようちゅう》御来客《ごらいきゃく》ノ義《ぎ》は乍憚可成御断《はばかりながらなるべくことわ》り申上候《もうしあげそうろう》敬白」という挨拶《あいさつ》を掲げるようになった（明治二十八年一月二十六日付）。もちろん、病が小康状態の折を見計らっては、弁士として全国を駆け回った。

そのうち、ついに明治二十九年五月、床に臥《ふ》せる身となり、明治三十年春には、またも肺結核と診断されて「喀血中《かっけつちゅう》ニ付《つ》キ御来客《ごらいきゃく》一切御断申上候《いっさいおことわりもうしあげそうろう》」と告げざるを得なかった（明治三十年四月十三日付）。

その後、一時、小康状態を得ることがあったものの、初夏には「又々喀血候《かっけつそうろう》ニ付《つ》キ御来客御断申上候《ごらいきゃくおことわりもうしあげそうろう》」というようにぶり返して、面会を拒否する状況を招いた（明治三十年七月七日付）。

病はついに癒《い》えることなく、明治三十一年九月二十日午後二時に、彼は三十七年の生涯を閉じた。翌日の『北國新聞』は第二面に「赤羽萬次郎氏逝く」の見出しで似顔絵入りの記事を二段抜きで掲載した。

病気見舞いに林が台湾から金沢を訪れたのは、兄が亡くなる約一ヵ月前の八月二十六日であったが、この頃、危機を脱した様子に安心した彼はいったん東京へ戻ることにする。しかし、台湾へ引き返そうという段になって再び呼び戻されて金沢へ来た。それが次兄との最期の別れとなった。

林にはひと回り年上の長兄庄吉もいるが、歳の差もあり、それほど付き合いはない。趣味が似ていることもあって親しみを覚えていたのは、萬次郎の方であった。文章を書くことや政治についても次兄には学ぶことが多かった。尊敬をし、頼りにもした。その次兄が逝ったとなれば、自分は誰を頼りとすればよいのか、林は大きな衝撃を受けた。

萬次郎の方も、弟を見込みのある男だと認識していた。自分の命がもう長くないことを知った彼が真っ先に考えたのは、創刊まだ日が浅い『北國新聞』の行く末である。

ようやく、北陸の地に根づきつつあると思っていた矢先だけに、このまま廃刊にするのはいかにも残念無念。このように考えた彼は政文が後を受け継いでくれないかと思った。

しかし､その考えをすぐ否定した。確かに､若くして『佐久間象山』を著しただけあって、筆は立つ。しかし、政文は今、台湾で開発事業に熱心に取り組んでいる。それを中途半端にして来ることはできない。実業家を目指す弟の生き方までつぶしてしまうこと

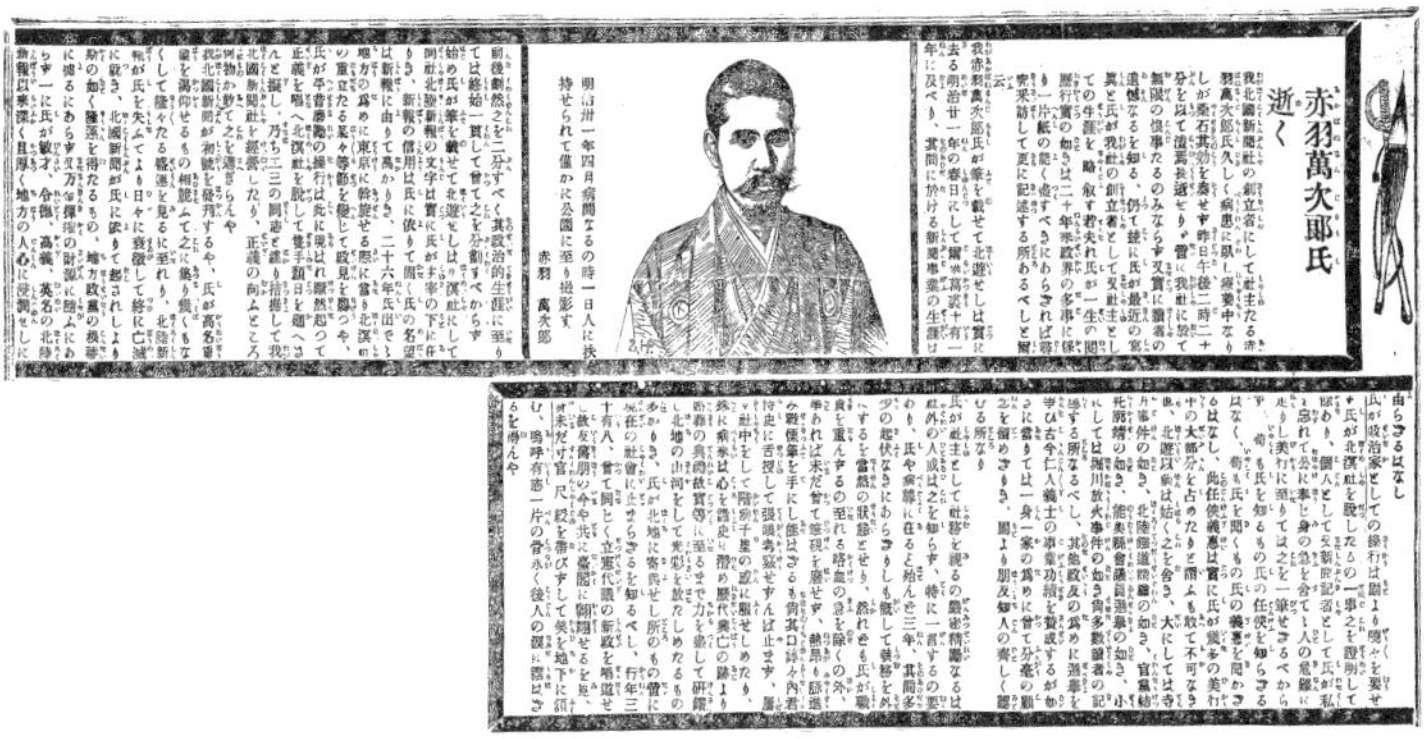

# 赤羽萬次郎氏逝く

我北國新聞社の創立者にして社主たる赤羽萬次郎氏久しく病患に臥し療養中なりしが藥石其効を奏せず昨日午後二時二十分を以て溘焉長逝せり、啻に我社に於て無限の慘事たるのみならず又實に讀者の遺憾なるを知る、仍て茲に氏が最近の寫眞と氏が我社の創立者として又社主としての生涯を略叙す君夫れ氏が一生の閲歴行實の如きは二十年來政界の多事に係り一片紙の能く盡すべきにあらざれば尋究采訪して更に記述する所あるべしと爾云

我赤羽萬次郎氏が筆を載せて北遊せしは實に去る明治廿一年の春日にして爾來茲に十有一年に及べり、其間に於ける新聞事業の生涯は

明治卅一年四月病間なるの時一日人に扶持せられて僅かに公園に至り撮影す

赤羽　萬次郎

赤羽萬次郎死去を報じる明治31年9月21日付北國新聞

はいくら兄でも許されない。このような考えを萬次郎は、手紙に書いて弟に届けたのではないか。むろん、無理だと知ってのことである。ただ、万が一にも気が変わって引き受けてくれないかとの願いも込めた。

それを受け取った林は、兄の考えを理解した。自分をそんなにも高く評価してくれたのかと思うと、正直うれしかった。しかし、自分にはやりたいことがある。今は人に使われる身だが、いつかは材木を扱う会社を興して我が国のために尽くしたい。それは兄が新聞事業を始め、言論の力を信じてこの国を興したいと願うのと同様であると考えていた。

一方で、兄の容体がそんなにも悪化しているとは思っていなかった。たとえ、良くない状態であったにしても、自分が引き受けることによって兄が安心し切って状況が急変化することだってありうる。しばらく様子を見ようというような状況だったと思われる。

そこへ、再度知らせを受け、面会した林は驚いた。予想を遥かに上回って兄の状態は悪い。眼はくぼみ、頬はこけ、肋骨は浮き出ている。息づかいもあらい。これはもう駄目かも知れないと覚悟した。兄が病室で自分の手を取って訴えたことは、書簡で請われた内容とほぼ同様であった。やせ衰えた手を握って懇願された林は自分の夢を押し殺して素直に肯《うなず》くしかなかった――。

こうした場面が二人の間にあったとしても不思議ではない。

二十四、五歳の頃に、林は自分が生きるべき道をようやく定めることができた。山林事業を通じて社会に貢献し、日本のために尽くすという道である。先輩に導かれ、大陸での視察を通してその事業の将来についても見通しがたった。

経営の術を会得しようと、台湾での事業経営にもようやく自信がついたところであった。しかし、それらを全てご破算にして次兄の遺志を継ぐことが、これまで次兄から受けた恩を返すことになる。それが孔子から学んだことでもあり、彼が得た結論だったと思われる。

萬次郎の葬儀は九月二十三日、市内小立野の天徳院で営まれた。広坂通りの自宅を出立したお棺は参列者四百余名を従えて天徳院に入り、葬儀が営まれた。押野和尚の読経と共に大隈重信、島田三郎、渡辺国武《くにたけ》、肥塚龍《こいづかりゅう》、志賀《しが》重昂《じゅうこう》等々、錚々《そうそう》たる面々からの弔電や弔辞が披露された。『北國新聞』紙上には近藤泥牛《でいぎゅう》や藤岡作太郎、石川半山《はんざん》、柳《やな》瀬《せ》生泣《せいきゅう》など生前の萬次郎と親しい者の追悼文が掲載された。

## 第二代社長に就任

遺言通り約束は果たされ、林政文の「入社の辞」は明治三十一（一八九八）年十月二十二日付一面に掲載された。それは兄赤羽萬次郎の『北國新聞』にかける情熱を紹介し、比して自分はその器でないことを述べた上で、しかしながら、兄同様のご愛顧をいただけるなら何とか任を果たしたいと決意を披歴《ひれき》して最後にこう記した。

北國新聞主幹として予《よ》の意は専《もっぱ》ら継承に在《あ》るを以《もっ》て、今より以往《いおう》北國新聞の主義本領、及《および》社会に対する其《その》態度は都《すべ》て先蹤《せんしょう》を踏《ふ》みて更革《こうかく》する所なく、唯其《ただその》日進月歩の世《せ》態《たい》に応じて社会の耳目に適当なる改良を施《ほどこ》すことは、予等の益《ますます》鋭意して勉《つと》めんと欲《ほっ》する所なり

当面は前例に倣《なら》うことを宣言したものの、まもなく、従来は全四面だった紙面を六面に拡充するなどの新機軸を見せた。

なお、林の金沢移住を契機に東京に住む妻子や養父母も金沢で同居することとなり、その年十二月十二日には金沢市南町九十四番地に転居している。養父政通《まさみち》はかつて長野で『信濃新報』という日刊紙を数カ月発行していたこともあったので、補佐役として入社することになった。前述したように短期間だったが、権藤震二《ごんどうしんじ》の存在も心強かった。

主幹として林は、国内外の時事問題について積極的に発言をした。日本を離れて生活したことが彼を視野の広いジャーナリストに育てたといえる。

例えば、「英国の舟山島占領を論ず」（明治三十一年十一月二十九～三十一日付　全三

回）である。これは、英国がアヘン戦争で襲撃した舟山島をまたも占領したという情報に基づく。それがたとえ「上海電報の悪癖なる虚喝《きょかつ》」だとしても、この文章の主意は何ら変わらないと自説に自信を見せる。

その主旨は、露国が旅順口、独国が膠州湾、英国が威海衛、我国が台湾をそれぞれ領有しているが、それは、それらの地よりさらに最も価値ある部分に向かって歩を移すための仮のものである。清国で一番価値があるのは揚子江沿岸一帯である。各国ともそこを狙っているが、きっかけがない。その意味で英国の舟山島占領というのは他国より一歩を先に進んだことになる。貿易を第一義におくこの国は香港、インドと結ぶ線を一層強いものにしたと言える。この事実を踏まえて、我帝国はさらに奮励すべし、というものであった。

明けて、明治三十二年元旦の「新年之辞」も、昨今の米国や露国、清国、韓国それぞれの政治事情を概観し、国内初の政党内閣の期待外れや地租増税問題を取り上げ、政治家の金権ぶりを指摘して嘆く。

これに続く「地租問題の経過」（明治三十二年一月八日付）は、当時大きな関心事となっていた地租問題について前年十二月十三日付の記事を受けて解説したものである。

そもそも、地租問題は、日清戦争後の軍拡を図るための増税策として生じたが、第三次伊藤内閣では議会から反対されていた。それが明治三十一年十二月二十日、第二次山《やま》県《がた》内閣において増税率や期間限定、地価の修正等の手直しによってようやく衆議院を通過した。

初の政党内閣への期待、地租増徴反対同盟会への政府の弾圧、猟官運動等々が連日のように紙面を賑《にぎ》わしたこともあって、この地租問題は文学の世界にも大きな影響を与えた。多数の作家がそれを題材にし、自由民権運動期に次いで多くの作品が発表された。ただし文学とはいえ、政治やその内幕を暴露する内容であった。

例をあげると、当時の代表的文芸誌『新小説』の編集長であり、作家でもある後藤宙外の「腐肉団」は、その典型的な作品である。これは、地租増徴案をめぐる政治家の裏取引が素材になっており、千葉の地主が反対運動で上京し、与党の実力者たちと会って画策の上、同案を否決させるという内容になっている。しかし、実際では同案は可決された。

今の政治家に国家を預けるのは「掏摸《すり》に金庫の番人をさせて置くやうな」実に危険な存在だと言い、その行動は「金と地位との吸引力に引かれて動く一種の機械人形」に過ぎないという。このように作品では政治家は徹底して揶揄《やゆ》され、皮肉られ、無能力者呼ばわりされている。他の作品も似たり寄ったりであった。

林が抱いていたような、日本の国益や国権拡張をテーマとする作品は少数派であった。ここにそれ以後の日本近代文学の特色の一つが早くも見られた。

林の地租問題に対する一文は、島田三郎、浅野順平、佐藤里治、杉田定一の四人の議員を対象に表決への賛成、あるいは反対、欠席の理由を考察したものである。十余票の差で可決されたことを「農人否国民の大多数に取りて、終天の恨み」と記すように、林は反対の立場である。従って、各人に対する批評も辛らつを極め、結びは次のようにある。

爾《なんじ》に出づるものは爾《なんじ》に反《かえ》るの古諺《こげん》は此《これ》に止《とど》まらず、地方人士《じんし》が其《その》議員の敗徳《はいとく》に憤慨《ふんがい》するも亦豈此《またあにこの》古諺《こげん》の理《ことわり》に漏《も》れざるものにあらざるか、彼等《かれら》が当初議員に撰《えら》むの際又真《しん》□信依《しんい》すべきものを撰《えら》むにあらずして往々黄白の□はす所となりたるは事実なり

故《ゆえ》に予は地租問題の経過を叙《じょ》するに当《あた》り、議員の敗徳《はいとく》を憤《いきどお》ると共《とも》に、選挙区民も亦《また》其責《そのせき》を分《わか》たざるべからざるを認《みと》むるなり

今や選挙法改正の実施も近きに在り、選挙の事漸《ようや》く将《まさ》に繁多《はんた》ならんとす、地方人士《じんし》たるもの深く此際《このさい》に鑑《かんが》みて、各其《かくその》代議士の選出に注意すべきなり（□は判読不明）。

（「地租問題の経過」前記）

――お前から出たものはお前に帰るという古い諺《ことわざ》は古《いにしえ》に止まるだけでない。地方の徳ある人物がその議員たちの敗徳に憤慨するのは、またこの古い諺の道理に当てはまるからでなかろうか。彼らが最初議員を選ぶに際して、まず真に民衆に尽くすような者を選ぶのではなく、金を重視するのは事実である。だから、私は地租問題を述べるにあたって議員の敗徳を憤ると共に、選挙民もまたその責任を分かたねばならない。

今や選挙法の改正も近く、選挙のことは正にようやく盛んに話題になろうとしている。地方の徳ある者はこの際よく考えて代議士の選出には注意すべきである。

ここでの要点は、不徳な議員を選んだ責任は、選んだ者にもあるという、百年後も通用する指摘である。それは議員と選挙民との関係を示す不変の真実といえよう。

この文章に表現されたような林の悲憤慷慨《ひふんこうがい》、国を想う気持ちが十分に伝わるのが、「地租問題の経過」半月後の一月二十二日に掲載された挿絵「金州墓図」と、それに添えられた文章である。

先にもふれたが、明治二十八年春、林は戦地の金州で洋画家の黒田清輝と親しく交わっていた。その日記の一月二日の条に「戦死者ノ墓ヲ弔《とむら》ヒ其墓所の画《え》ヲ写す」とある絵が林に贈呈された。その絵は当時、林が『毎日新聞』の記者だったため『毎日新聞』(一月十五日)に掲載され、『北國新聞』には掲載されていない。

それが四年後、突然『北國新聞』に掲載された。しかも『毎日新聞』の掲載時にはなかった説明文が、絵を取り囲むように記された。文の前半は、絵は誰が、何時、どこでという事情を説明している。続く後半部分を紹介する。

吁《ああ》戦後の日本は、漫《みだり》に戦勝に誇りて一面は商工業の大膨張の為《た》めに一昨年より昨年に亘《わた》りたる経済界の恐慌を来し、一面は軍備の拡張を決行して、既に地租を征《せい》したるが上に、今又家屋を征《せい》せんとするに至れり、請《こ》ひ問ふ世人此図《このず》に対して果《はた》して如何《いかん》の感かある唐人詩あり曰《いわ》く「一将功成万骨枯《いっしょうこうなりばんこつかる》」又曰《いわ》く「可憐無定河辺骨《あわれむべしむていこうへんこつ》　尚《なお》是春閨夢裏人《これしゅんけいむりのひと》」と、酒興淋漓《しゅこうりんり》たるの時豈《あに》又此図に対して一転想《いちてんそう》すべからざらんや。

――ああ、戦後の日本はやたらと戦争に勝ったことを誇りに思って、一方は商工業を大発展させようとしたために一昨年から昨年にわたる経済界の恐慌を招き、一方は、軍備を拡張して既に地租税を征服した上にまた、家屋にも税を課そうとする。世間の人々に問いたい、一体この図に対してどんな考えをお持ちなのかと。唐の人は、将軍が功名を立てることができたのは幾万もの兵が犠牲になったからだと言い、無定河辺に散らばる骨は、まだ帰りを待つ新妻の夫を待つ姿だと言うが、人が酒に酔って興に乗るときにこの図に対してそれまでの気持ちを変化させることができるだろうか。

異国の土に眠る日本兵の墓地図である。墓地とはいえ、粗末なもので、墓標を建てただけで、中には寒菊を添え、饅頭《まんじゅう》を載せたものもある。その数、四十九。北風に晒《さら》されるその光景に林は感慨を催さざるを得ない。

林は言う、世の人は、この絵を見てどんな感想を持つのか、ぜひお聞きしたい、と。日清戦争後の繁栄は、ここに眠る彼らの犠牲の上に築かれているのに、その犠牲を無にするような、軍備拡張や地租税値上げなどに見られる、昨今の議員たちや指導者たちの振る舞いはどうなの

明治二十八年新春、予軍に従て金州に在り、一日友人黒田清輝氏と東門外の我戦死者の墳墓に行き、墓所の位置は金州城を前にして大和尚山を後へにす、四圍南北二十間東西三十間周圍に土手を築き土手の上に小松を植へ、土手の外に小濠を穿つ、中央に一大木標あり、書して招魂の碑と曰ふ、墓は其後面及び前面に在り、都て四十九、墓標の周圍に石を樹つるものあり、木を植ゆるものあり、皆其戦友の爲せし所なり中に殊勝なる板を以て墓標のものを作り、上に饅頭を載せ、傍らに一束の寒菊を供へたるものあり、花色未だ褪めず、悵として北風に立つ、傷心言ふに堪へず、同行の黒田氏を顧みて曰く丈夫涙なきにあらず、正に此に至りて衣襟に沾ふを覚へざるなりと、黒田氏亦涙数行下る、特に予の爲めに墓地の圖を畫かる此圖は即ち是れ

奸戦後の日本は、漫に戦勝に誇りて一面は商工業の大膨脹の爲めに一昨年より昨年に亘りたる經濟界の恐慌を來し、一面に軍備の擴張を決行して、既に地租を征したるが上に、今又家屋を征せんとするに至れり、嗚呼世人此圖に對して果して如何の感かある唐人詩あり曰く「一將功成萬骨枯」又曰く「可憐無定河邊骨 尚是春閨夢裏人」と、酒興淋漓たるの時豈又此圖に對して一轉想すべからざらんや

（櫻所生記）

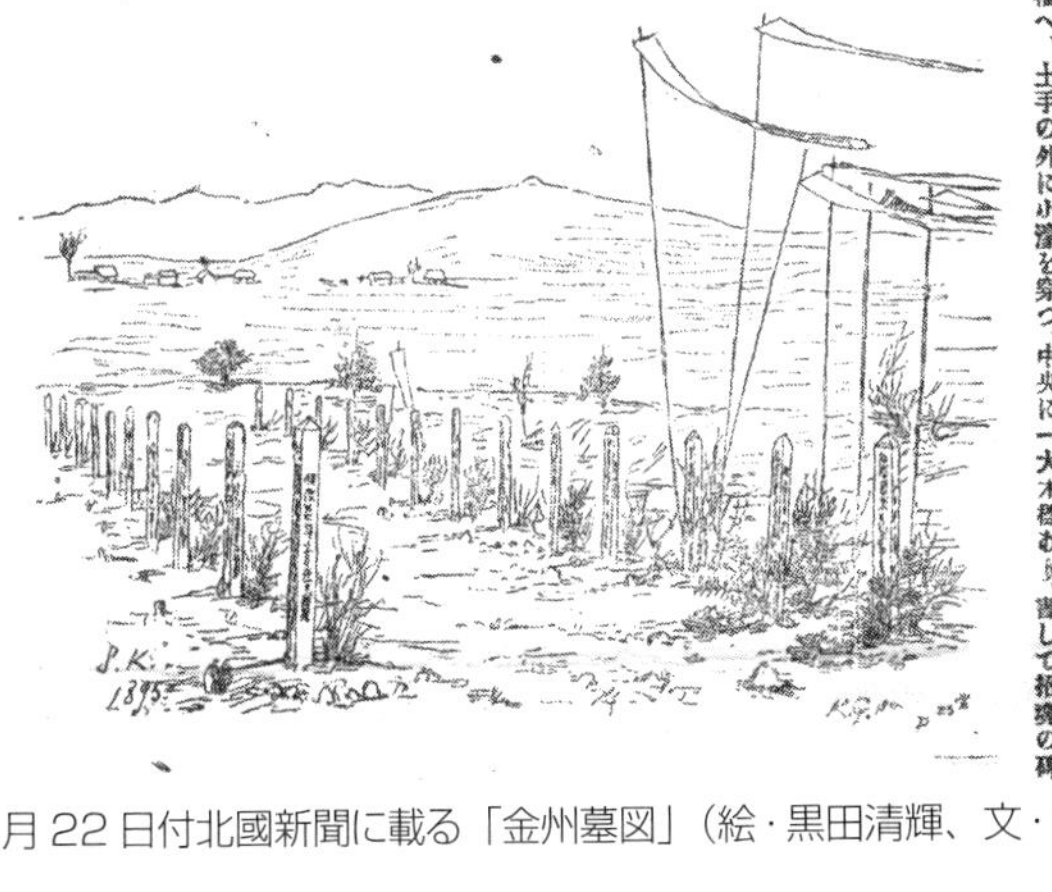


明治32年1月22日付北國新聞に載る「金州墓図」（絵・黒田清輝、文・林政文）

か。彼は怒りを覚えている。

引用した「一将功成万骨枯」（将軍が功名を立てることができたのは幾万もの兵が犠牲になったからである。彼らの屍《しかばね》の存在を忘れてならない）はまさに彼の心境を代弁する内容であろう。後者の引用はそれと比較して多少とも抒情的ではあるが、「無定河辺《むていこうへん》骨《こつ》」への同情には変化はない。

林は著書『佐久間象山』において薩長藩閥《はんばつ》政治への嫌悪感を述べていたが、この文章においてもそれは持続されていると見てよい。

その強い気持ちが、この数カ月後に彼を待ち受ける「男児一必の事業」に対する決意の源泉になったと考えられる。

なお、前年の十二月一日付『北國新聞』に附録として縦十六センチ、横二十四センチほどの戦場スケッチが提供された。のちに政文の息子の林政武が著した『緑地帯』にも附されたカラー画である。

十二月一日付の本紙に「林桜所」の名でその間の事情が説明されている。それによると、戦いより一カ月後に完成させた絵は黒田清輝がパリの某新聞に送るはずだったのを果たさなかったので、林政文が譲り受けたものだという。

第二軍が二龍山砲台へ突貫する場面を描いた本図は、旅順占領という日清戦争の一大エポックの陰に、ここに表されたような屍《しかばね》として横たわる犠牲者がいることを示している。これを附録につけた林の意図は、過去の栄光を再び示すことでは決してなく、犠牲者の存在を忘れるべきではないとのメッセージにあったと考えられる。このように考えると、翌月に突如、掲載された「金州墓図」の意味もいっそう理解される。

# 第七章　男児一necessary の事業

## フィリピン独立運動に参加

金沢への一家移住とともに、養父林政通《まさみち》が『北國新聞』を手伝いすることになったことで、林は非常に助かった。留守がちになる林をしっかりとカバーできたからである。というのも、林は新主幹であるにもかかわらず、就任早々の十二月十七日に上京し、翌年一月八日に金沢へ戻る。二月二十三日に上京、三月十八日に帰宅。四月五日に上京、同二十四日に帰宅。続いて六月五日に上京。というようにほとんど毎月のように東京へ行っている。

再三の上京が可能だったのも、留守役を前述のように、新聞経営の経験を持つ養父がきちんと務めていたからである。

最後の六月の上京は滞在が長く、東京から「七月十五、六日頃に、九州地方へ用向きがあるので行くが、それが済み次第帰宅する」との連絡が本人より養父の元にあった。

しかし、約束期日になっても帰ってこない。そして一週間後の七月二十五日、上海沖で遭難という突然の連絡が入った。家族はむろん、新聞社員一同も仰天するようなニュースである。何がどうなっているのか、皆、事態を呑みこめなかった。社長が、息子が、夫がなぜ船で遭難死なのか。同姓同名の人間違いではないのか。皆、一様に疑問に思ったのも無理はない。

しかし、本人と全く連絡がつかない。東京の心当たりに何カ所か問い合わせても事情は変わらない。確認のしようがなかった。

そのうち、中村弥六という人物から手紙が届いた。最初、封筒の差出人を見た養父の政通は、その人物が長野選出の国会議員であることに気づき、政文が学生時代からその元に出入りしていたことを思い出した。封を切って見ると、政文の遭難死のことがつづられていた。そのうち、何紙かの新聞が同様のニュースを伝えるようになった。政文の死はどうやら確実のようである。

しかしながら、遺体が確認されない以上、死を認めたくないのは遺族の気持ちである。ましてや葬儀をするわけにもいかない。

そこで、当局に失踪届を提出した。三年後、有効期限に達した明治三十五（一九〇二）年七月二十日付の『北國新聞』に追悼文が掲載された。そして社外の大方もその死を知

（二）（第三種郵便物認可）明治卅五年七月二十日　北國新聞　第三千二百五十二號

故林政文氏

故林政文氏

林政文の遭難死を伝える明治35年7月20日付北國新聞

ることとなった。

養父の政通が正式に三代目社長となった。また、二人の孫の親代わりとなり、それを立派に務めた。政通は旧松本藩士・林政美の二男で、嘉永二（一八四九）年十一月生。大正十（一九二一）年十二月二十一日没。明治二十年に『長野県営業人力車取締規則註解』を出版（長野町一〇六七番地）。赤羽萬次郎の姉婿である。後に、『日刊信濃新報』を創刊。明治二十六年当時、長野町字大門町に住んでいた。

政通は『北國新聞』の社長を大正九年三月一日まで務め上げ、先の見通しが付いたところで四代目を政文の長男で、東京帝大を卒業した政《まさ》武《たけ》にバトンタッチした。なお、北國新聞社は三代目政通社長の代の大正元年十二月に、明治末期から高岡町にあった社屋を南町に移転している。

ところで、林政文の遭難死というのはどういうことなのか。彼が上京中の行動は一切、家族や新聞社関係者には知らされていなかった。その辺りの事情を見てみる必要がある。

林は『北國新聞』主筆就任後、前述のように四度上京しているが、三度目の四月五日に上京して同月二十四日に金沢へ戻る間に準備の大半が整い、彼も「それ」に参加する覚悟を固めた。従って、四度目の六月五日は、「それ」を実行に移す決死の覚悟で上京したと考えられる。三度目の上京以後は決められた計画は決して外部に漏らさぬように、実行の日々を待ち望んだ。

政文の養父・林政通

「それ」とは、一体何か。

六月二十六日と推定される、養父政通

に宛てた次の書簡の一節はその出来事に賭ける林の思いが込められている。

中村と共に毎日毎夜奔走《ほんそう》致《いた》し居《おり》候《そうろう》
九分九厘迄《まで》成就《じょうじゅ》致《いた》し候《そうろう》……
兎《とに》も角《かく》も男児※一必の事業に御座《ござ》候《そうろう》
父上も御喜び下《くだ》さるべく候《そうろう》

※（注釈）「一代」の説もあり

文中の中村とは中村弥六のことで、林は、郷里の大先輩として学生時代からその元に出入りして何かと薫陶《くんとう》を受けていた人物である。

中村はこの年明治三十二年二月四日以降、政界の実力者犬養毅《いぬかいつよし》の依頼を受けて、フィリピンの革命を助力すべく、その中心人物アギナルド（一八六九年生）の指示によって来日したポン

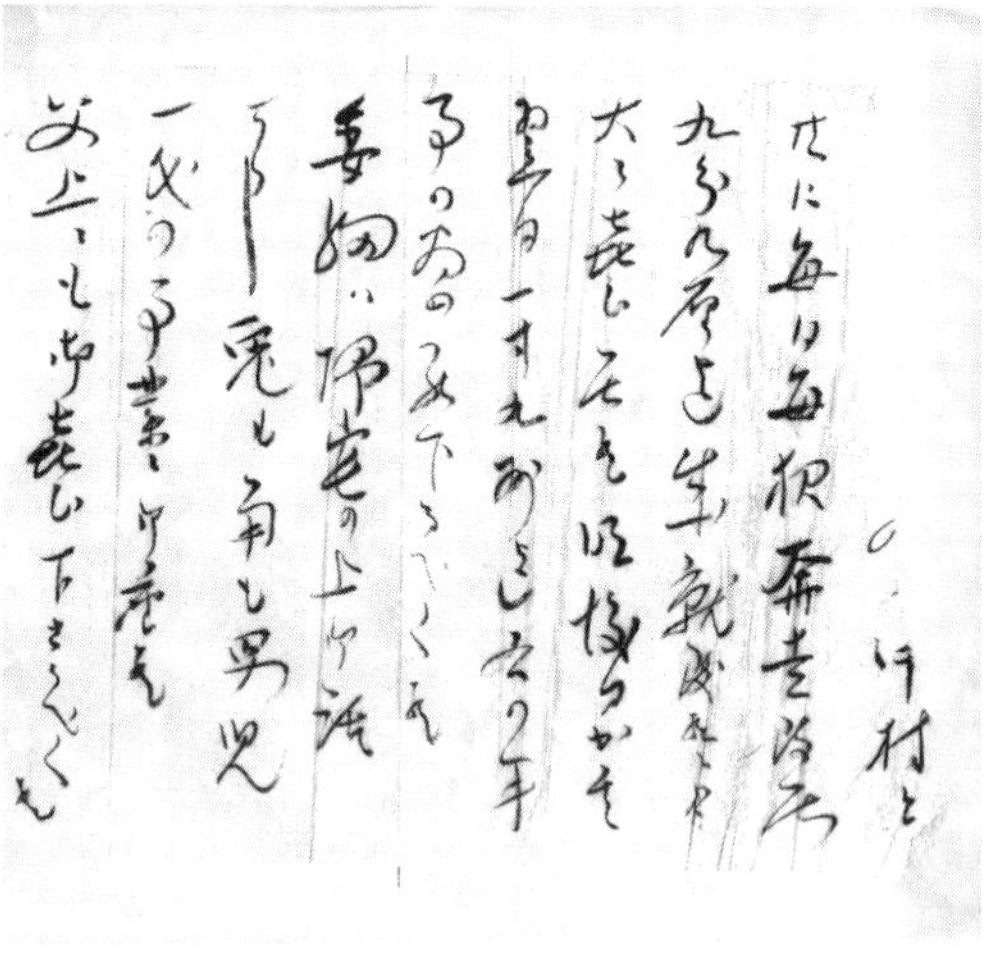

養父に宛てた林政文の書簡。『男児一必の事業』という文字がみえる

セ（一八六七年生）に協力することになっていた。

その協力とは、武器とそれを運送する人や船、さらに現地で助勢する軍人等を提供するというものであった。中村側に、ポンセから準備金十五万五千円が提供された。

犬養は中村と同い年で、当時同じ党所属の国会議員である。しかも、この出来事の後でも犬養が東京株式取引所長の後任に中村を推していることでも分かるように、互いに能力を認め合う仲であった（大隈重信宛書簡　明治三十二年八月十一日付）。

林が「男児一必の事業」にかかわりを持つまでの経緯は、次のようであった。

犬養は明治二十年代頃からアジアに対する関心を持ち続けており、朝鮮からの政治亡命者・金玉均が日本へ来た時も自宅の近所に住まわせるほどであった。そういう理解者である犬養を大陸浪人たちも頼りにして、その元に寄って来た。犬養は彼らからもたらされた情報を生かすことができた。

大学の後輩の可児長一《かごちょういち》（一八七一年生）が犬養の書生をしていた頃、熊本出身の可児を同郷の宮崎滔天《とうてん》（一八七〇年生）と平山周《しゅう》（一八七〇年生）が訪ねて来た。明治二十九年十月六日のことである。その前年に宮崎は革命の資金作りのため移民を引率してシャム（タイ）へ赴いていたが、その折、シャムは朱檀《しゅだん》（紫檀《したん》と同じ）が豊富で、事業になると判断していた。

そのことを可児に話すと、犬養に相談した方がよいと勧められ、二人は犬養と初めて面会する。犬養は、餅は餅屋ということで、二人に中村弥六を紹介する。当時、宮崎の風体は六尺の大男で、髪や髭は伸び放題というふうだったから、犬養も無遠慮にそのことを指摘した。中村もその異様な外見に違和感を覚えた。なにしろ、彼は、絹綾《きぬあや》（綾織りのうすいラシャ）に身をまとい、金縁メガネをかけた紳士だったからなおさらであったろう。

代議士の傍ら深川で材木商も営む中村は、もともとの本職である林業の貿易を通して国際情勢に敏感で、日清戦争後のシャムの行く末を懸念していた。清国の弱体に伴ってシャムも西欧、とりわけ英仏の干渉を受けるに相違ない。我が国とはまだ通商条約も締結されていない。ならば……。このような考えを持つ中村は、手遅れにならないうちに造船用材として最適なチーク材の伐採権を得ようと、明治二十九年九月に現地を訪問し、内務大臣や農商務大臣と面会した。むろん、国内において参謀総長川上操六や海軍大臣西郷従道《つぐみち》の承諾を得ての行動であった。宮崎のシャム訪問とほぼ同じ頃、中村も現地を訪問して帰国したばかりであった（結局、契約金が準備できずにその話は流れた）。

そういう中村であったので、宮崎を前に素人が手を出さない方がよい、と諭したのは当然である。

再び犬養を訪れた宮崎は、話のついでに、中国で革命政権を誕生させる志を次兄弥蔵から受け継いでいることを話す。それを聞いた犬養は宮崎を見込みがあると思い、早速、宮崎をはじめ平山、可児を外務省嘱託として中国へ派遣することを決断した。明治三十年五月のことである。

犬養にすれば、宮崎を通じて様々な情報を入手できるし、宮崎は犬養という庇護者《ひごしゃ》を得て安心して活動をできることになる。宮崎は、この時のことを自叙伝『三十三年の夢』（明治三十五年刊　のち岩波文庫等）で述べ、犬養を「余が心的再生の母なるかな」と記している。

以後、宮崎は犬養と持ちつ持たれつの関係を続ける。

外務省機密費を得て宮崎らは、上海、香港、広東、マカオを訪問し、明治三十年九月に横浜に戻った。任務の一つに孫文（一八六六年生）の動向に関する情報を得ることもあった。孫文の名前は知っていたものの会ったことのなかった宮崎は横浜で孫文と初対面を果たした。香港で彼が日本にいるという噂を聞いたからである。それ以前からすでに宮崎は、中国革命党に親近感を抱いていた次兄弥蔵の遺志を継ぐ覚悟でいた。

実は、孫文はアメリカ、カナダを経て八月中旬に横浜に到着していた。日清戦争中、革命組織・興中会《こうちゅうかい》を結成した後、広州での武装蜂起に失敗した孫文は以後、亡命の旅を続ける。当然、清政府は彼に多額の賞金をかけた。ロンドンでは駐英清国公使館員によって館内に拘束される事態も生じた。十日後に釈放された彼はその地で約九カ月間、読書三昧の生活を送った結果、いわゆる三民主義の基を完成させた。

宮崎は孫文との初対面の印象を次のように話す。

彼、何ぞその識見の卓抜なる、彼、何ぞその抱負の遠大なる、しかして彼、何ぞその情念の切実なる。我が国人士中、彼の如《ごと》きもの果たして幾人かある、誠にこれ東亜の珍宝なり、と。余は実にこの時を以《も》って彼に許せり。

（『三十三年の夢』）

――彼はなんと卓抜した識見を持っていることか。しかも遠大な抱負をいだき、それでいて情念も大きい。こんな人物は我が国にはいない。誠に東アジアの珍重すべき宝である。という次第で、私はすっかり彼に魅せられてしまった。

全く、べたぼれではないか。早速、そのことを犬養に報告して、孫文を会わせた。犬養は彼を日本で保護することにした。

もちろん、一筋縄ではいかない話である。犬養は、外務次官の小村寿太郎や大隈重信に相談した。生活費等の資金援助は政治団体・玄洋社の平岡浩太郎が引き受けることになり、孫文は「中山樵《なかやまきこり》」という名前で日本に逗留《とうりゅう》することになった。

このような犬養の行動は、彼の個人的な同情心に加えて、将来の中国において日本主導のもとに、西洋より秀でた影響関係を中国との間に形成しておくことが必要と考えたためであった（時任英人『明治期の犬養毅』平成八年刊）。

翌明治三十一年九月、自由に身動きが取れない孫文に代わって革命動向を探るべく、上海へ赴いた平山と宮崎はその後、北京と香港とに分かれて行動する。宮崎は香港でフィリピン人のマリアノ・ポンセと出会った。さらに、上海から香港へ来た康有為（一八五八年生）とも会って日本に連れて来た。内政改革による洋務運動（西欧化）の担い手である康は、改革を試みたが、西太后（一八三五生）のクーデターのために失敗し、国外に亡命していた。

## 輸送隊の責任者に

フィリピンは長い間、スペインの植民地であったが、十九世紀になると自由主義思想がフィリピンにも入ってくるようになり、スペインへの留学生も増えて民族意識に目覚める人々が多くなった。それに伴い、スペイン本国へ改革を求める声が大きくなった。特にホセ・リサールの発言の影響は大きかった。民族運動が活発になるにつれて当然、弾圧も厳しくなった。

明治二十九（一八九六）年、ホセ・リサールの逮捕を契機に革命軍が武装蜂起し、未成功に終わったものの、ボニファシオとエミリオ・アギナルドが後に続く。しかし、両者の間に主導権争いが生じ、明治三十年二月、独立をめざす組織・カティプナン指導部による会議で優勢に立ったアギナルドが革命政府大統領に選出され、敗れたボニファシオ兄弟は処刑された。

一方、スペイン本国から兵を増強した植民地軍は、革命政府側を追い詰めたものの、独自の憲法を制定したアギナルドたちと和平協定を結び、改革実行を確約した。アギナルドたちはそれと引き換えに香港に退去することとなった。

明治三十一年、アメリカ国内にはキューバを植民地に持つスペインとの戦争に勝利を収めてから、同様にフィリピンをも領有しようとの声が起こってきた。五月、アギナルドを帰国させ、スペインと敵対させたのも、その意図があったからである。六月十二日、アギナルドは独立を宣言した。

しかし、アギナルド派が中心都市・マニラのスペイン軍を倒したあと、アメリカ軍は革命政府側との協力体制を崩し始めた。それは、二千万ドルでスペインから譲渡されたフィリピンを「合衆国の自由なる旗のもとに」というウィリアム・マッキンリー大統領の声明につながっていく。

当然、アメリカの領有国となることを拒むフィリピン側はアメリカと戦うことになった。明治三十二年二月のことである。そのひと月前にアギナルドは憲法を公布し、フィリピン共和国を樹立して初代大統領に就任していた。そして、アメリカと戦うために日本などの援助を期待していた。

明治三十二年三月末にはアメリカ軍が首都マロロスを奪い、アギナルドらはルソン島内を移動しながら北部の山岳地帯に陣を構えた。一方、ボニファシオ派などはゲリラ戦に徹してアメリカ軍を悩ませた。しかし、近代的武器の有無、弾薬等の在庫量に差がある戦いは明白な結果を見せて、明治三十四年三月に、アギナルドは捕られた。

彼はアメリカに忠誠を誓うとともに他の諸独立派にも米国服従を命じた。日本から物的心的援助に出かけるのは、アメリカとの開戦数カ月後のことであった。

明治三十二年二月、アギナルドは、早くに対日工作要員としてホセ・ラモスを送っていたものの、さしたる成果も上がらないことからポンセを派遣した（波多野勝「フィリピン独立運動と日本の対応」昭和六十三年）。

それはアギナルドの指令に加えて宮崎の勧めもあって実現した。ポンセは早速、日本が我革命をどの程度理解してくれているか、あるいは、どの程度協力してくれるかなどを政財界の要人に接触して確認しようとした。政府は、南進策という観点から台湾を領有した後でもフィリピンが占める重要さは認識していたが、各国との外交、特にアメリカとは摩擦を起こしたくないというのが本音であった。従って、ポンセの銃器等の要求に対しては土壇場で決定が覆《くつがえ》った。

しかし、民間の方は異なった。二月二十七日、ポンセが『万朝報』記者・山県五十雄に面会した後、その山県宅で島田三郎、陸羯南《くがかつなん》、志賀重昂《しげたか》らが会談した。この時のメンバーが中心となって、三月十三日には、東京倶楽部にポンセを招待して多数の新聞記者を前に講演させ、各紙がそれを報道した。フィリピンの現状を世論に訴えたのである。

武器援助も結局は、民間によった。それは、ポンセが孫文に相談したことが契機となった。孫文は、フィリピンの独立運動が自国の革命への良い刺激になることを期待して、宮崎と平山を介してポンセを犬養に紹介した。

犬養は、支援を約束した。彼は言った。鉄砲や弾丸の購入は商人でも簡単に用意できよう。しかし、彼らは利潤を優先して、正義感など二の次だ。別のルートを考える必要がある。しばし待て、と。

そして、犬養は中村を紹介した。中村は様々な伝手をたどってそれらを用意、準備しようとした。初対面のポンセの依頼を二つ返事で引き受け、懸命に取り組んだのは、依頼主の犬養との信頼関係に加えて、彼なりの考えがあってのことだ。

実は、中村はシャムからの帰途の香港で、あるフィリピン人と会ってスペイン政府が現地人を虐待している真相を知り、同情していた。米西戦争の結果が出る前後、アギナルドがアメリカと共同でスペインを降伏させて間もなく、アメリカがフィリピンを占領するようになり、アギナルドがそれに抵抗して反撃を開始したということも後で知った。

中村はその経緯からフィリピンの味方をしようと思い、同時にそれが我が国の南方政策に合致すると考えた。

中村は兵器弾薬の購入に際し、民間では必要な数量を満たせられないので、長野出身で親友の神尾光臣大佐（一八五五年生）や同じく長野出身で参謀本部の福島安正（一八五二年生）と協議した。その上で、陸軍大臣桂太郎（一八四八年生）と陸軍次官中村雄次郎（一八五二年生）の許可を得て、日清戦争の戦利品である銃一万挺とモーゼル銃の弾薬五百万発等々を陸軍から購入することになった。

その売買は表向きは、陸軍が大倉商会に払い下げ、同商会から中村が購入するという手続きを踏んだ。また、川上参謀総長に対して中村は、事が発覚した際の危惧に対して、一切の責任は政府になく、自分一人が責めを負うということを認めた一筆を差し出した。それは、一歩を誤れば日米外交上由々しき大事に至る、との川上の懸念を払拭《ふっしょく》するためでもあった。

さらに、対米対策としてドイツ商人名義で対象品を移動させることにし、知人で横浜在住商人ワインベルゲルの名を使用して大倉商会より購入、そして輸出するという手順をとった。これは、陸軍大臣桂の懸念に対する配慮でもあった。

桂以上に日米間の摩擦を心配したのが青木外相であったが、これは川上参謀総長がその説得役を買って出た。

輸送用の船の選定に関しては、船の大きさと価格の両面で決定まで難儀した。条件面では鈴木真一所有の住吉丸が妥当だったが、十万円という高額のため断念して、三井物産より格安の三万八千円で布引丸という約二千トンの老朽船を購入することに決まった。営口―横浜間に就航していた船で、修繕の時期を迎えていたために売却したらしい。資金は、フィリピンからの送金が少なかったため、孫文が横浜の清国商人何某から集めた一万円と中村が所有する檜材を売った七千円を足して補った。

並行して、今回の支援に参加させる人選も行われた。中村の頭にまず浮かんだのは、輸送のトップとして林政文、現地の革命実働隊として原禎《はらただし》大尉（一八六七年生）である。

中村にとって林は学生時代から親しくしている人物である。気質も承知し、特に台湾の事業半ばにして帰国、金沢へ移ってからも何度か上京し、その都度、自分を訪ねて抱負を語っていた。台湾での事業や新聞経営に携わってリーダーシップも備わっている。まさしく輸送隊の責任者に適していると中村は判断した。

原の方は、同じ長野の出で（上伊那郡西春近村、現・伊那市）、実家は中村の生家と近かった。彼の父が中村の父の塾で学んだこともあって旧知の間柄である。明治二十二年七月に第十一期士官学校砲兵科を卒業した。近衛砲兵連隊のあと、台湾総督府幕僚に勤務したのち、野戦砲兵第十二連隊中隊長を務めていたが、台湾でマラリアと脚気病のために明治三十二年六月一日付で休職扱いとなっていた。中村は原をアギナルドの参謀長、将軍待遇というフィリピン独立支援の実働隊の責任者として推すにふさわしいと見定めた。原はのちに近藤五郎という偽名を使用することとなる。最近の調査では、原は陸軍を休職した直後の、同年七月七日付で離婚していることが判明した（波多野勝・前記）。結婚してまだ六年しか経っていない。これは原の、自分の行動が家族や周囲に迷惑を及ぼす影響を懸念しての処置と考えられる。

さらに、民間からは宮崎の仲間の平山周《しゅう》も加わった。また、原の斡旋《あっせん》で陸軍の砲兵少尉西内真鉄、同じく稲富朝次郎、軍曹宮井啓造、曹長中森三郎の四人を確保した。福島によって推薦された、陸軍の中尉長野義虎や中尉水町袈裟吉、下士官増田忍夫（長野県飯田市出身）等も加わった。

このように中村の人選は郷里長野ゆかりの人物と、参謀本部の現役を基軸にしていることが指摘できる。そして「フィリピンは南北太平洋の関門、東亜海道の喉元《のどもと》にある景勝の地である。海軍の根拠地をここに設けることによって始めて列強と争い、東洋の覇権を確保できる」との認識が共有されていたことを示す（中村「布引丸事件顛末秘録」）。

これらの計画は極めて短期間に練られ、決定された。

林が『北國新聞』の二代目社長就任後に上京したのは、前述のように四度あるが、フィリピン独立支援の話を聞くのは、おそらく三度目の上京の明治三十二年四月五日から四月二十四日までの間、さらに言えば、帰郷間際だったと推察される。

四月二十四日。中村宅にポンセ、孫文、林、原、宮崎の面々が集まった。林は孫文への通訳も兼ねていた。林は初対面の孫文と名刺を交わしたが、今まで何度も話に出ていた革命家のイメージと大きく異なるので当初は戸惑った。紳士然とした姿は想像できなかった。しかし、飾ることなく滔々《とうとう》と母国の未来を語り、アジア人種の団結を説き、世界の安穏を主張する姿に次第に魅せられていく。この人ならば現在の清国に必要な孔子の政治を実現できるのでは、との期待もかすかながら沸きあがってきた。清国の旅行中に交わった日清貿易研究所ゆかりの若者たちに通じ、かつ彼らをも包み込むスケールの大きさを感じた。

この日の会合は、それぞれの役割分担をあらためて確認し、無事成就を祈って解散となった。

原（偽名・近藤）のグループ六人（原、西内、稲富、宮井、中森、平山）は香港からマニラへ入り、直ちにアギナルドの本営に行くこととなり、布引丸に先立って六月十四日に出発した。弾薬等を引き渡す務めを無事果たした。原はアギナルドの参謀長兼将軍としての待遇が約束されていた。

一方、布引丸による弾薬の輸送は、林を責任者としてフィリピン東岸カシグランより上陸の手はずになった。布引丸は七月十三日、門司に到着、陸軍倉庫よりモーゼル弾薬、大砲、機関銃等を搭載して長崎へ入った。船長石川伝、機関長角田駒吉、運転士浅井良蔵も事前に確定していた。

懸念された長崎税関も無事パスして、七月十九日早朝、船は長崎港を発った。しかし、乗船するはずだった中村は、持病の糖尿病が急に悪化してドクターストップとなり、涙を呑んで渡航を断念した。

七月二十三日、中村は東京の自宅へ戻った。その翌日明け方である。三井物産から彼

出航前の布引丸。左から3人目が中村弥六、その右隣が林政文

の元へ電報が届いた。布引丸が沈没し、避難ボートの第三号艇員十三名が上海沖に漂着、英国船メネラウス号に救助されたという内容であった。まもなくその詳細は明らかになるが、第四号艇員八名も清国船の九江号に救助されていた。助かったのはこの二艘で、林や船長が乗船した第一号艇だけが行方不明になったのだった。

電文を読み終えた中村の顔面は蒼白、全身が凍りついたことは言うまでもない。しかし、中村は早くも次の手を考えた。それは再度、弾薬を購入し船舶を雇うことであった。そのために香港のフィリピン委員に連絡して、来日を求めた。サンダーという人物がやって来て弾薬の購入手続きをすませたものの、アメリカ側の監視が厳しくなって船の雇い入れができなくなり、再挙の計画は頓挫《とんざ》した。剰余金四万円は宮崎の手を経てポンセに返却された。

二週間後の八月六日、生存者の東二等運転士（第三号艇乗船）が中村に語った布引丸遭難の模様は次のようであった（『林政文氏と比島』前記）。

## 布引丸沈没の様子

七月二十日午前零時頃より東南の暴風が吹き荒れ、午前十時過ぎには布引丸の避難ボート二号艇が烈風のために奪われた。なお風雨に躍らされながら航海を続けるうち、貨物庫の扉が前後とも奪われ、さらに右舷の一二等機関室や浴場、雪隠《せっちん》等も大破し右側の施設は使用不可能となった。

翌二十一日午前四時頃より左舷に残る機関室によってかろうじて航行を続けたが、依然として海水の侵入が激しく、この上は帆を揚げての航行に頼るしかなくなった。しかし、午前九時頃になって遂に全てが航行不能と判断した船長はボートによる避難を決定し、乗組員に残る三艇の準備を命じた。

第一号艇は船長以下十七名、第三号艇は東二等機関士以下十二名、第四号艇は浅井良蔵一等機関士以下七名にそれぞれ分乗し、互いに離れないようにと結びあって海上に浮かんだ。二十一日午前十一時四十分頃であった。

しかし、暴風雨と激浪はなおも衰えることなく、ボートはたちまち浸水状態になり、水を掻き出しながら耐えていた。三艘はいつの間にか互いを見失ったが、二十三日午前八時頃、雨が止んで風力も衰える中、第三号艇が航海中の英国汽船メネラウス号に救助された。そして第四号艇もまもなく清国の九江号に救助された。

林らが乗った第一号艇は、その後二週間を経てもどこかの陸地に漂流したとの情報もなく、遂に遺体も発見されなかった。

一時行方不明になった浅井良蔵一等機関士は、ボートに乗り組む前に林から次のような話を聞いた。傍にいた東が伝える。

二十一日の午前十一時に垂《なんな》んとする頃（布引丸の将《ま》さに沈没せんとするに近き時）

騒擾《そうじょう》の内に於《おい》て静かに予《よ》に語られて曰《いわ》く自分の如《ごと》き身を以《もっ》て国に許したる者は、座《ざ》上《じょう》平和《へいわ》の間に最期を遂《と》げん事は元より期《き》し居《お》られざれども、斯《かか》る暴風怒涛《どとう》の為《ため》に無心の海水に生命を奪はる、とは遺憾《いかん》実に涯《かぎ》りなし。併《ただ》し之も運命と念《おも》へば致し方なしとて苦笑せられたりし（略）。

――自分のような者は畳の上で死ぬことはできないと元から覚悟していたものの、このような暴風雨の最中に溺れ死ぬとは、実に残念だ。しかし、これも運命だと思えば――。

まさに林の遺言ともいうべき内容を語るこの回想は、貴重なものである。己に忠実に生きてその時々の判断に従って歩んだ林の、道半ばにして逝かねばならない無念さが極めて冷静な語り口調からひしひしと伝わってくる。

宮崎は理由不明だが、乗船していなかった。彼は七月十一日、孫文の用事で長崎より香港に向かう途中の福州で第一報を受けたが、その後二十八日香港に到着して出来事の詳細に接した。彼は『三十三年の夢』で、次のように述べている。

いわく

遂にできくる涙を制しかねて、ハンカチを以《も》って顔をおおい、歔欷《きょき》大息していって

ああ皇天、何ぞわが党に幸せざることの甚《はなは》だしきや。

その知らせを受けたフィリピン革命軍も落胆し、皆は声も出ず、重い空気が辺りに漂った。何よりも、対日工作がようやく実ったと確信し喜んでいたポンセは、誰よりも無念の思いをなお引きずりながら九月二十七日、日本を発って香港へ向かった。

ところで、船の遭難後、川上参謀総長や青木外相等が懸念していた外交上の問題は何事もなかったのだろうか。

実は、この事件前から、米国は一部日本人がフィリピン独立軍の支援に関与しているのでは、という疑いを持ち、調査を実施していた。

そんな中、六月十四日にフィリピンに向けて出発した原たちの存在が米国の知るところとなった。独立軍のサンチェス大佐が米軍によって拘留され、アギナルドのもとに彼らが参加していることを自白したからである。平山何某、西内何某、原何某とその名まで明白になってしまった。しかし、彼らがそれぞれ事前に脱出したために、その時はそれでおさまった。

また、布引丸の救助された乗組員の口から船に積載していた貨物の中身と航路が分かってしまい、香港在留のアメリカ領事から公使ハックにその情報が送られた。ハックは外務省に調査を依頼したが、外務省は全然知らないと回答した。

さらに、ハックは沈没船に関してクレームをつけたが、それを受けた青木外相が関係部署に対し同様に注意を喚起しただけで、それ以上問題は拡大しなかった。

一方、先発隊でフィリピンに行った六名はその後どうなったのだろうか。彼らは無事、独立軍の軍営にたどり着いてアギナルドの歓迎を受けた。

六名の一人である平山周の「支那及菲島革命交渉史」(昭和十九年刊)によって見てみる。

マニラに着いたあと、平山と原の二人は現地人の服装に変えて、副官レイバ大佐の案内でアギナルドに面会した。彼は「スペインもアメリカも白人種はもはや信用できない、これからは東洋のことは日本、支那、フィリピンの三国で連携して事にあたらなければ」と涙ながらに歓迎の言葉を述べたという。

しかし、布引丸遭難の件が伝わると、フィリピン側の落胆は大きく、また、六名全員は前線には必要ないとの軍の要請によって原、平山、西内の三名が残留し、残る三名は帰国することになった。しかし、マニラはすでに米国に占領されていて、移動にも苦労した平山らは潜伏生活をしばらく続ける。

この間にも原は実践の作戦を授けるべく革命軍と行動を共にした。しかし、一年ほど経った頃、原と平山はフィリピンを出て香港へ向かった。出国に際してマスカルド将軍から感謝状が贈られた。香港からさらに上海へ向かい、さらに北京、香港と移動した。いずれも孫文らに加担する行動であった。その間にアギナルドが米国軍に逮捕されたという情報が入った。

香港で二人は宮崎滔天《とうてん》らと会った。その中には孫文ら中国革命家も混じっていた。彼らはシンガポールから香港に来ていた佐渡丸の船中で会議を開いた。その結果、原は三《さん》合会《ごうかい》幹部の鄭士良に協力して恵州へ赴き、兵士六百人の指揮をすることになった。しかし、結局大した成果も挙げられず、原は翌年には日本へ戻って来た。

林の養父政通《まさみち》の元へは中村弥六から七月二十六日に哀悼の意を表す書簡が届いた。その前に、政文の友人黒川九馬から事故の詳細を伝える手紙が届いていた。

黒川は東京専門学校（現・早大）の出で、のち鉄道敷設に力を注いだ。二人は『松本親睦会雑誌』を介して交遊を始め、林は同誌の編集委員だった黒川の後任に就いた。

黒川は、まず政通が中村と林の関係をよく知らないと判断して次のように説明した。

彼は、中村を長野の尊敬すべき先輩だとして交誼《こうぎ》を願っていて、特に近年はその知遇を得ることが厚く、共に我国のために有益な事業を計画していた。この度は清国との貿易及び清国沿岸航海の業を思い立ち、中村が十数万円の資金を出して、三井物産会社から汽船布引丸を買い入れ、諸種の貨物を満載して、十九日に長崎を出て、その後、今回の不幸に相成った、と。

政通にすれば、仰天の内容で、毎月上京を繰り返す理由がようやく理解できた。ただし、黒川は林がフィリピン革命に加担していることは知らなかった。それほど、林の決意が口を固くしたということなのだろう。

しかし、現実問題として社長不在の新聞社の経営をどうするのか、遺された八歳と六歳の二人の子供たちや妻はどうなるのか、といったことが養父の懸案として目の前に立ちふさがっている。

遭難一年後、発足二十年になる互助会「日本海員掖済会《えきさいかい》」が集めた約九十八円の義援金が、金沢市役所を通して政通の元へ届けられた。

『北國新聞』は、一年間ほど林の右腕となって働いてきた養父政通が社長に就いて継続することになった。その収入によって孫たちを養育できないこともないが、今回の事態を招いた船主である中村の責任はどうなるのかという疑問が政通に消えないでいた。

一方、中村は、林の死はフィリピン独立のために捧げられたものだから、その栄誉を形として残したい。そうすれば、林の死も無駄にならないだろうという思いが強かった。そこで、彼はポンセが帰国してしまったので、早速フィリピンと連絡を取り、林の死を

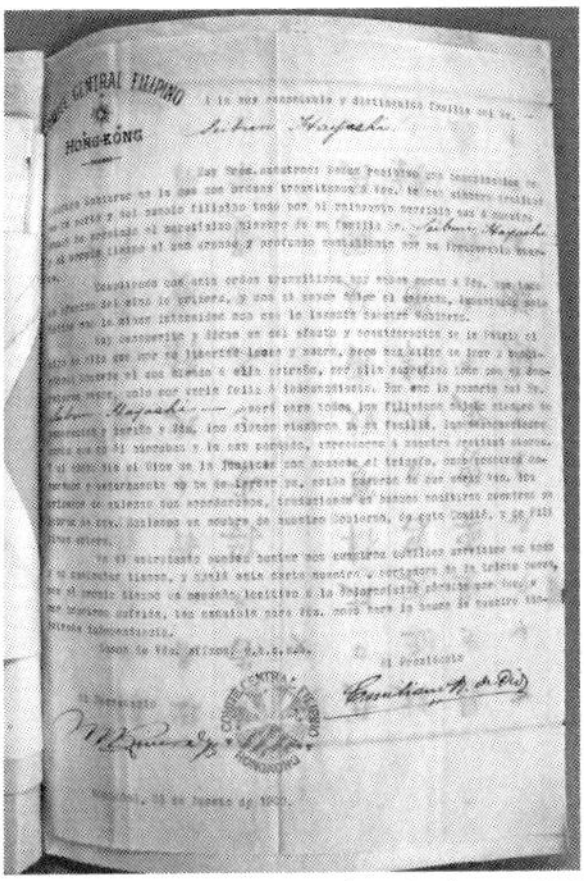

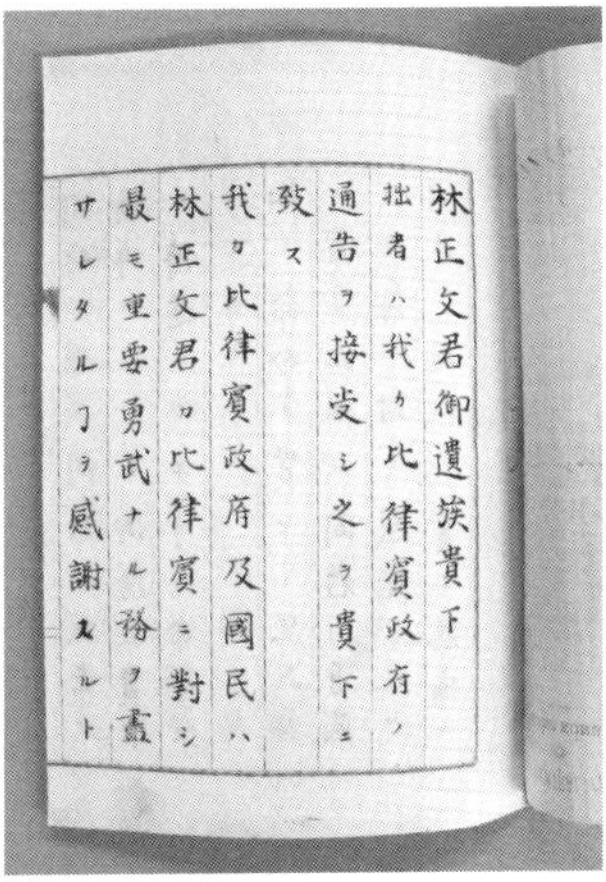
林正文君御遺族貴下
拙者ハ我ガ比律賓政府ノ
通告ヲ接受シ之ヲ貴下ニ
致ス
我ガ比律賓政府及國民ハ
林正文君ガ比律賓ニ對シ
最モ重要勇武ナル務ヲ盡
サレタルコトヲ感謝スルト

遺族に渡されたフィリピン政府の手紙。左は英文、右は日本語訳の冒頭部分

伝えるとともに、その栄誉を讃えてほしいと要望した。

その返事が来たのは、事故から一年が過ぎた明治三十三（一九〇〇）年夏であった。現地の言葉で記されていたため、中村は英訳した上で、さらに日本語に訳したものを政通に送付した。九月二十日であった。

林政文君御遺族貴下《きか》
拙者《せっしゃ》ハ我《わ》ガ比律賓《フィリピン》政府ノ通告《つうこく》ヲ接受《せつじゅ》シ之《これ》ヲ貴《き》下《か》ニ致《いた》ス
我《わ》ガ比律賓《フィリピン》政府 及《および》 国民ハ　林政文君ガ比律賓《フィリピン》ニ対《たい》シ最《もっと》モ重要勇武《ぶゆう》ナル務《つとめ》ヲ尽《つく》サレタル事《こと》ヲ感謝《かんしゃ》スルト同時ニ深《ふか》ク同君ノ死去《しきょ》ヲ哀《あい》

悼《とう》スル事《こと》ヲ御遺族貴下《ごいぞくきか》ニ伝達《でんたつ》スベキ事《こと》ヲ命令《めいれい》セラレタリ（中略）
夫《そ》レ自国《じこく》ノ自由独立ノ為《た》メ身命《しんめい》ヲ捐《す》ツル国民ハ其国ノ最恩恵者《さいおんけいしゃ》ニシテ又最尊重者《さいそんちょうしゃ》タリ況《いわ》ンヤ他国ノ為《た》メ人道ノ為《ため》権利ノ擁護者《ようごしゃ》トナリ一身《いっしん》ヲ犠牲《ぎせい》ニ供《きょう》セラレタル人ニ在《あり》テハ其恩恵其尊重《そのおんけいそのそんちょう》ハ更《さら》ニ之《これ》ヨリ猶《な》ホ大ナルモノナリ此《この》理由ハ則《すなわ》チ我ガ比律賓《フィリピン》国民ガ此《こ》ノ尊重《そんちょう》スベキ恩恵者《おんけいしゃ》ヲ永世脳裏《えいせいのうり》ニ印《しる》シ忘《わす》ル、能《あた》ハザル所以《ゆえん》ナリ（略）
拙者《せっしゃ》ハ我《わが》政府及《および》国民ヲ代表シ本文ヲ呈《てい》スルノ栄《えい》ヲ有《ゆう》ス
御遺族貴下《ごいぞくきか》ニ対《たい》シ茲《ここ》ニ重《かさね》テ感謝ノ意ヲ表ス

香港千九百年八月廿五日

比律賓委員総裁

エミリアン・アール・ド・ディヲス

――フィリピン政府と国民は林政文君がフィリピンのために、勇敢に戦ってくれたことに感謝すると共に、そのご逝去を悼み、哀悼の意をご遺族に表わす。自国の独立のために命を捧げた者は最も敬意を表されるが、ましてや他国の為に身を犠牲にされた者は、その比ではない。このことをわが国民はしっかりと記憶に留めて、決して忘れることはない。

中村の願った通りの、林の死を名誉の死とする内容であった。

しかし、中村は、政通に対してこの手紙の内容は、アメリカとの外交上、容易ならざる事柄だからご親族内の回覧に留めて決して公にしないようにと、末尾に注意書きをした。

このエミリアンの感謝状は同じように、遭難死した増田忍夫下士官の遺族にも届いている（上村希美雄『宮崎兄弟伝　アジア篇上』昭和六十二年刊）。中村が「一死比国《いっしこのくに》の為《ため》御《お》尽《つく》し被遊《あそばされ》たる儀《ぎ》に付《つき》ご遺族に対し相当弔留《ちょうりゅう》の道を立られ度《たく》再三比《フィリピン》国委員へ照会《しょうかい》候處《そうろうところ》ご承知《しょうち》の如《ごと》く」と述べるように、彼の努力でようやく送付の運びとなったと思われる。とすれば、林と増田以外の他の遺族にも届けられた可能性は高い。

もちろん、林の死が該当国によってこのように名誉なものであると認知されたことは遺族にとって嬉しいことであるが、現実の生活をどうするかという問題も同様に大事である。

そのことについて、政通と中村の間でやり取りがあったが、遠距離ゆえ、友人の黒川久馬と降旗元之介の両名に委任することにした。むろん、こちら側の言い分を伝えて、である。

明治三十三年二月二十八日に二人は中村宅を訪問して用件を伝えた。中村は次のように答えた（明治三十四年三月十八日付　林政通宛書簡に拠る）。

今度の事件に関しては、私自身があらぬことを針小棒大に伝えられ、道聴塗説《どうちょうとせつ》（根拠のない伝聞）が絶えない次第で、私自身がこれらに関して一言も発言しないので、なお拡大している。私の不徳の致すところともいえる。しかし、事件は私が口を開くと、種々の方面に影響を及ぼすこととなるので、今は私自身が矢面に立つ覚悟でいる。

ただ、船に乗り込んだ同志が遭難し、千載の痛恨を残したことは、やはり痛慮《つうりょ》の極みである。ことに、林政文氏は同志のなかでも積年来の付き合いもあり、特に信頼していた。彼以外にも多数の同志が遭難死した。これらの方のご遺族に対して十分な弔意を表し、満足せられる方法を尽くそうとは考えている。

とはいえ、一個人の微力では到底多数の人の満足は得られないし、何よりも今、私自身が非常な難境にあり、心に思ってもそれを実行に移すことは不可能である。林政通氏よりも政文氏のご遺族に関する協議を相談されているが、直ちに満足されるようにはできず、君ら二人にご迷惑をかけているのは申し訳ない。

私は、今、理財上の全てを畏友の大浦周氏に委任しており、実印までも保管してもらっている。どうか、大浦氏に相談の上、林君のために便宜を図ってやれるようなら、そうしてほしい。私よりも、大浦氏の方が全ての事情を知悉《ちしつ》しているので、向後、彼と協議していただければと思う。


早速、二人は大浦に面会する。その結果を見る前に、書中のいくつかの箇所について説明をしておかねばならない。

一つは、「今度の事件に関しては、私自身があらぬことを針小棒大に伝えられ、道聴塗説が絶えない次第で、私自身がこれらに関して一言も発言しない」という箇所であり、もう一つは、「何よりも今、私自身が非常な難境にあり、心に思ってもそれを実行に移すことは不可能である」という部分である。

実は、布引丸遭難後、フィリピン独立軍のためにと中村が購入した武器弾薬の残りを孫文が清国革命に使用したいと、犬養に相談した。明治三十三年十月のことである。中村の委任を受けた近藤五郎（原禎）が大倉商会に尋ねると、中村は全くの廃銃を買った上、多額の口利き料まで得ていたとする情報が流れていることが判明した。残品を大倉商会に買い戻すよう交渉するが、埒が明かず、犬養、近藤、宮崎滔天、中村の間で何回かやり取りがあった末、中村が偽の領収書を発行したとして、『万朝報』や『二六新報』紙上で中村批判の記事が続々と掲載されるようになった。

ついに、中村は憲政本党を除名になった。彼は後年に弁明の『布引丸事件秘録』（平成六年二月再刊　高遠町図書館）を発表した。それまでは、フィリピン独立運動にかかわる秘密は守る、何かあったら自分だけの責任にするという、川上参謀総長や他軍幹部との約束を守り通したといえよう。

先の、注記した箇所とは、このような出来事に対する心的物的応対をさす。

ここでは、この問題の真偽を明らかにするのが目的でないので、経過を記述するだけに留める。大浦との会見結果に戻ると、二人は政通氏の要求、つまり『北國新聞』の経営上、本月三十日を期して金五千円を要する、また、これを五カ年の期限で融通して欲しいことを先ず伝えた。

それを聞いた大浦氏は次のように答えた。

自分が中村氏の理財上のことで相談に預かっているのは、以前、金融上の紹介をしてからで、今回の事でも色々調査をすればするほど、大変な状況にあることが判明した。しかし、今企図中の事業も少なからずあるので、それが成功すれば或は今日の苦境を脱することができるかも知れない。しかし、林家の苦境を思うと何とかしたい、あと二、三日返事を待っていただけないか、と。

その後、大浦氏は金五千円の融資の代わりに、毎年二回、五千円に対する五分の利子、すなわち二百五十円を支払うという案を提示した。なお、妙案がないかと降旗、黒川は再度、大浦氏と掛け合ったが、大浦氏はこの方法でも中村氏には大苦痛だとして譲らなかった。

このように経過報告をした両人は、「これでご不満ならまた交渉に出かけるが、いかがか」と書簡を結ぶ。

その後の交渉がどのように展開したかは不明だが、最初の案で交渉が妥結した可能性が高い。両人とも中村の置かれた状況がかなり厳しいということを書簡中で述べているからである。

林政文の墓。金沢市寺町5丁目の大円寺にある

明治三十五年八月八日に林政文の失踪宣告がなされ、翌明治三十六年三月五日にそれが認められた。今、林は金沢市寺町五丁目の大円寺の墓に眠っている。

林の遺児・香は市内石屋小路の医師島誠郁の元に嫁ぎ、政武《まさたけ》は県立第一中学校から第四高等学校、さらに東京法科大学を経て、のち『北國新聞』第四代社長となった。祖父政通夫婦は政文の代役を立派に果たしたといえる。

# 終章

林政文は次兄赤羽萬次郎と同様に三十代という若さで一生の幕を閉じた。死因はそれぞれ異なるものの、志半ばにしての無念の死であったことは共通する。

では、林の志とは何だったのか。彼は継ぐべき家業がないこともあって、自分の意志で進路を決定する際、理解がある養親と兄たちから助言を得ることができた。

最初は英語を学んでそれを生かした職に就こうと考えたらしい。しかし、まだ明確な進路を決めかねている彼のために兄たちはさらに適切な助言を与えた。

それは、経済についての知識を身につけることである。その勧めに従って高等商業学校に学んだ彼は、経済の仕組みやそれがいかに現実の日本や世界とつながっていて、重要なものかを知る。維新後の遅れた世代に属する彼は、経済界で活躍しようと考えた。

学生時代、特に高等商業学校在学中の彼は人に恵まれた。この間に巡り合った人々は彼に良い刺激と影響を与えた。

学生時代にかかわった『松本親睦会雑誌』や『信濃殖産協会雑誌』『山林』等の雑誌を介して彼は、郷里を同じくする先輩や同世代の者と親しく交際することができた。執筆した原稿を縁としてだけでなく、むしろ編集委員の立場に就いたことでその機会が増した。

その筆頭は、中村弥六であろう。国会議員であり、林学博士である中村に感化されるうちに、英語を生かした職業よりも山林事業に生きることを真剣に考え始めるようになる。また、中村をはじめ、後に林が接することになる多くの人間は、日本の現在だけでなく、その将来をも案じる者が多かった。彼らは、西欧諸国の波に飲み込まれずに済んだ日本の立場から、アジア諸国と提携して東洋を守ろうという考えを持ち、林はそれに共鳴した。

同郷人との交わりは何も現役世代ばかりではない。偉大な業績を遺した先駆者との邂逅《かい》《こう》も林の人生に影響を及ぼし、彼らの足跡を追って活字にまとめる時に、その偉大さをあらためて知り、そこから学ぶものを得た。二代目野口庄三郎は山林事業に命を捧げた先輩としてその事業に従うことの意味を林に再認識させた。

野口以上に、彼の魂を揺さぶったのは佐久間象山の存在である。

著書『佐久間象山』（明治二十六年刊）は林の短い生涯の貴重な遺作となった。これは当時の通説を覆そうと客観的に資料に語らせる手法によって、象山がいかに偉大な人物であり、再評価に値するかを述べたものである。たとえ、郷土の偉人を知りたいという当初の目的があったにせよ、それを遥かに超えて、彼は象山という人物の魅力をとらえた。

象山は主義を一貫して変えることなく、目的のためには風評も気にせず、努力を惜しまず、この国を愛した。いくら将軍の招聘《しょうへい》があったにせよ、開国主義者が今の京都に赴くのは危険すぎるとの親戚や門弟らの忠告を無視した結果、彼は暗殺された。命を代償にしてもよいとの強い意志に従った結果ともいえる。

林は「五十四年の短生涯を以《もっ》て卒然幽冥《そつぜんゆうめい》に帰す真《まこと》に惜《おし》むべきなり」と慨嘆《がいたん》した。この『佐久間象山』にも触れられているが、林は、当時の薩長閥の政治に強い不満を抱いていた。この気持ちは生涯を通じて変わることはなかった。そのことが政治や経済に対して改革を求める源泉になったとも考えられる。

材木輸出の事業を計画した林は、自費に加えて支援者の応援もあり、旅費を工面することができ、朝鮮半島、中国、インドへの視察旅行を決行した。取り敢えず中国へ出かけた。二十六歳であった。恐らく言葉は通じなかったはずだが、それをやり遂げようという実行力や決断力が障壁を越えた。明治二十七（一八九四）年一月に長崎を発ったが、我国は前年に天津条約を締結して、それに基づく朝鮮出兵を数カ月後に行おうとしていた。日清戦争に続く道のりの始まりである。

もちろん、一国民にすぎない林が、そういう国の進路を見通していたはずもない。その意味では、清国に上陸して約半年ほど上海、漢口、北京と視察旅行して見聞を深めることができたのは幸せであり、貴重な経験であった。目的をはっきり持っているので、単なる物見遊山に終わることなく、しっかりと各地を観察でき、事象を考察し、それらを文章に残した。収穫がある視察となったのは当然であろう。北京到着まもなく、日本が清国へ宣戦布告した。

六カ月ほどの旅行中、清国内の商人や農民の実情をつぶさに見て、我国商人の活動実態を知り、将来、自分が事業に携わるときに注意するべきことや問題点を把握することができた。

さらに収穫があった。それは、現地で活動する日本人たちの存在を知り、彼らと交際することによって刺激を受け、自身の思想を深めたことである。日清貿易研究所ゆかりの彼らはそれこそ命がけだった。佐久間象山や中村弥六とも通じる思想を持つ彼らは、清国への西欧諸国の侵入を防ぐという点で林と共通していた上に、歳が近いということもあって話が弾み、共同生活を営むうちに兄弟同様に距離を縮めていった。しかし、そのうちの楠内と福原の二人が捕縛の上、虐殺されるという衝撃的事件が起こった。林は佐久間象山の最期を連想し、感慨無量であった。

日清戦争従軍の機会を得て、林は再び清国の土を踏む。とはいえ、今度訪れたのは北部地域で、未知の土地であった。しかも、戦地という死と向かい合わせの、精神を平常に保つことが困難なところに身を置くことになった。兵卒ほどではないが、彼は死をまじかに体験し、かつ覚悟した。

戦地以外の清国民の日常生活を目の当たりにすることもあり、数カ月前に旅行した河南地方のそれと比較した彼は、その感想を記事にして新聞社に送った。戦争報告の記事よりもむしろこちらに人間性が表現されている。

第二軍に従って金州から威海衛へと派遣された林は台湾征伐にもついて行った。しかし、まもなく養父の病気見舞いのために一時帰国することになり、そのうち、我国があらかた台湾を統治したので、再び戦地へ戻ることなく従軍記者の役目は終了した。

林は、戦争開始前から決めていた山林事業にようやく専念しようと、手始めに実務を身につけるべく、次兄赤羽萬次郎の友人の紹介によって台湾興業合資会社に入社するために再び台湾に渡った。

その仕事にも慣れて、実績を上げるようになったときに、今度は次兄が病気に倒れ、その懇望によって『北國新聞』を引き継ぐことになった。林が本来の実業家の道を捨てるにはかなりの勇気が必要だったし、思い切った決断が必要とされたはずだが、彼は二代目社長の道を選んだ。これまで何度も次兄には助けられ、その恩返しをしたいと考えたからである。

林はこれまでの経験を生かして、国際問題を取り上げた記事を書き、全四面から六面へ紙面の拡張を図るなど新機軸を出し、充実を図った。

しかし、就任早々毎月のように上京し、幾日か滞在した。目的は中村弥六など学生時代から交際していた人物達と会談することであった。

明治三十二年四月に上京した時のことである。中村が林に打ち明けた。「清国革命家の孫文とそれに加勢しようという宮崎滔天、陸軍の原禎大尉、それにフィリピン人のポンセという者達が集合してフィリピン独立運動を助力しようとの相談をする。君にもぜひ参加してもらいたい。このことは非常に大事なことだから、絶対口外しないでほしい」というものであった。

中村がこれまでの経緯を話し終えたとき、林は輸送隊の責任者としての役目を果たすことを彼に明言した。フィリピンがこれ以上アメリカの言いなりになるのは、同じ東洋人として見過ごすわけにはいかない。東洋人は東洋人の味方をするのが当然であり、我国もフィリピンも共に繁栄しなければならない、という林の決意であった。

学生時代から抱いていたものが清国での視察旅行やそこで知り合った人物たちによって一層堅固になった、それを今実行に移す時が来たと感じた。「男児一必の事業」と、林は思った。

その時の林に家族や新聞社の仲間のことが全く脳裏に浮かばなかったかどうか。九州地方への用向きがすんだら、帰宅するとの伝言が真実ならば新聞社に戻ったはずである。原大尉のように現地の戦いの指揮者ではないから、輸送の任務を無事に終えたらそれでよし、としたかもしれない。しかし、伝言が虚言だとしたら、社に戻ることは考えていないことになる。どちらだったか、不明というしかない。

明治三十二年七月二十一日、林らが乗った武器を輸送する布引丸は上海沖で難破し、林は不帰の客となった。

林は『佐久間象山』の中で、象山の生涯を「治世の能臣《のうしん》乱世に生れ、治を見る尺寸の間にして而《しか》も終《つい》に及ばず、五十四年の短生涯を以《もっ》て卒然幽冥《そつぜんゆうめい》に帰す真《まこと》に惜《おし》むべきなり」と評している。つまり、乱れた世に生まれた才能ある臣下が、あと少しで手腕を発揮できたのにそれもかなわなかった。象山が五十四年間の短い生涯で突然冥土に旅立ったのは、誠に惜しむべきことだという。

このように述べた林自身が六年後に志半ばにして生涯を終えるとは、誰も予想できなかった。

# 林政文　年譜

| 年月 | 内容 |
|---|---|
| 明治2年（1869） | 元吉（林政文）生まれる（1月1日） |
| 8年6月 | 開智学校に入学 |
| 9年5月 | 父庄蔵死去 |
| 10年1月 | 次姉はまの嫁ぎ先の林家へ養子に入り、林姓を名乗る |
| 17年3月 | 上京。いったん二松学舎に入学か？ |
| 4月 | 東京英和学校に入学 |
| 20年7月 | 同校を卒業 |
| 21年8月 | 高等商業学校（現・一橋大学）に編入<br>のち「松本親睦会雑誌」「信濃殖産協会雑誌」「山林」の編集に携わる |
| 23年10月 | 林家の養女益代と結婚 |
| 24年3月 | 長女香が生まれる |
| 25年1月 | 高等商業学校内で内紛、退学となる |
| 26年6月 | 長男政武が生まれる |
| 6月 | 著書『二代野口庄三郎伝』出版 |

| 年月 | 内容 |
|---|---|
| 26年12月 | 著書『佐久間象山』出版 |
| 27年2月 | 清国へ渡る（13日上海着） |
| 7月 | 漢口を経て北京到着（5日） |
| 8月 | 日清戦争宣戦布告（1日） |
| 9月 | 帰国、東京へ<br>郷里長野に戻る（26日着） |
| 10月 | 従軍記者として清国へ渡る（26日花園口着） |
| 28年3月 | 日清戦争終結へ |
| 4月 | 講和条約調印 |
| 5月 | 台湾へ渡る（29日着） |
| 7月 | 養父危篤の報せ受け帰国（12日着） |
| 8月 | 郷里長野へ戻る（10日着） |
| 9月 | 一家で東京に引っ越す |
| 10月 | 台湾へ渡り、台湾興業合資会社に入社 |
| 30年5月 | 支配人になる |
| 31年3月 | 家が類焼を受け焼失（22日） |
| 8月 | 次兄萬次郎の危篤受け金沢へ（26日着） |

| 年月 | 内容 |
|---|---|
| 31年9月 | 次兄萬次郎死去（20日） |
| 10月 | 北國新聞社第二代社長に就く（21日） |
| 12月 | 上京（17日） |
| 32年1月 | 金沢へ戻る（8日） |
| 2月 | 上京（23日） |
| 3月 | 金沢に戻る（18日） |
| 4月 | 上京（5日） |
| | 中村宅で孫文らと会合。金沢へ戻る（24日） |
| 6月 | 上京（5日） |
| 7月 | 布引丸に乗りフィリピンへ向かう（20日） |
| | 上海沖で布引丸沈没（21日） |
| | 家族のもとへ「遭難死」の連絡が入る（25日） |
| | 中村弥六から林政通宛てで哀悼の手紙が届く（26日） |
| 35年7月 | 北國新聞に林政文の追悼文掲載（20日付） |

# あとがき

黒田清輝には以前から興味と関心を持っていた。『北國新聞』で彼と林政文との関係が記事になり、『北國文華』に関連の文章が載った。前後して内灘砂丘文芸スクールで面識を得ていた『北國新聞』の松村長氏より政文の事を書かないかと勧められた。

こうして、資料を蒐集し、それを読む事から開始したが、政文を曾祖父に持つ新田直樹氏との邂逅が筆を決定的に進めることになった。氏からは、丁寧に所蔵される貴重な資料の数々を自由に閲覧することが許可されて、研究が大いに進捗した。もしも本書に存在価値があるとするならば、その功の半ばは新田氏にある。

本書は林政文についての現時点での報告である。しかしながら、今後新資料の出現によって補訂の必要が生じる可能性がある。それが楽しみでもある。

執筆に際しては、先達のお仕事に導かれたが、その主な物については文中に記してある。各図書館や文学館、博物館等にもお世話になった。共にお礼を述べたい。

森　英一（もり・えいいち）

1945（昭和20）年青森県生まれ。北大大学院修了。金大教育学部（現・学校教育学類）教授を経て2011（平成23）年3月定年退職。文芸誌『イミタチオ』代表。著作に『秋声から芙美子へ』『物語石川の文学』『五木寛之の文学』『北國新聞文芸関係記事年表稿』『小説　雪解け頃』『小説　維新の暈』など。


北國新聞社第二代社長

林　政文の生涯

二〇一八（平成三十）年八月五日発行

著者　森　英一

発行　北國新聞社

石川県金沢市南町二－一

電話〇七六－二六〇－三五八七（出版局直通）

〒九二〇－八五八八

メール　syuppan@hokkoku.co.jp





ISBN978-4-8330-2145-6